우리말 법화경 사경 5

혜조惠照 스님
공주사대 독어과 졸업 후 출가.
봉녕사 강원 졸업.
동국대학교 대학원 박사과정 수료.
대한불교조계종 총무원 문화국장 역임.
저서 및 논문으로
『우리말 법화삼부경』, 『운명을 바꾸는 법화경 사경』(전7권),
『행복을 부르는 법화경 사경』(전7권), 『독송용 우리말 법화경』
『너를 위해 밝혀둔 작은 램프 하나』(시집), 『엉겅퀴 붉은 향』(시집)
「연기법에 의한 공사상과 중도론 연구」(논문) 등이 있다.

우리말 법화경 사경 5

발행일 불기 2567년 9월 15일
번역 혜조 | **펴낸이** 김시열
펴낸곳 도서출판 운주사
(02832) 서울시 성북구 동소문로 67-1 성심빌딩 3층
전화 (02) 926-8361 | **팩스** (0505) 115-8361
ISBN 978-89-5746-156-3(세트) 03220
http://cafe.daum.net/unjubooks (다음 카페: 도서출판 운주사)

우리말 법화경 사경 5

혜조 惠照 譯

운주사

우리말 법화경 사경 차례

우리말 법화경 사경 5

사경 시작한 날 : 불기 년 월 일

________________ 두손 모음

제19 법사공덕품

그때 부처님께서 상정진 보살마하살에게 이르시었다.

"만약 선남자 선여인이 법화경을 수지하여 읽거나 외우며 혹은 해설하거나 베껴 쓴다면, 마땅히 팔백 가지 눈의 공덕과 천이백 가지 귀의 공덕과 팔백 가지 코의 공덕과 천이백 가지 혀의 공덕과 팔백 가지 몸의 공덕과 천이백 가지 마음의 공덕을 얻으리

라. 이 공덕으로써 육근을 장엄하여 모두 청정하게 되리라.

그 선남자 선여인은 부모가 낳아준 깨끗한 육안만으로도 삼천대천의 온 세계 안팎에 있는 산과 숲과 강과 바다를 보는 것은 물론, 아래로는 아비지옥에 이르며 위로는 유정천에 이르기까지 전부 살펴보느니라. 또한 그 속에 있는 일체 중생들을 다 보거늘, 그 중생들이 업의 인연과 과보로 해서 태어나게 될 곳까지 모두 보고 알게 되리라."

그때 세존께서 거듭 의미를 표현하시고자 게송으로 말씀하셨다.

대중 가운데에서

두려움 없는 마음으로
이 법화경 설하는 공덕에 대해
그대는 잘 듣도록 하여라.

설법자는 팔백 가지 공덕의
수승한 눈을 얻으리니
이 공덕으로 장엄되어
그 눈이 매우 청정해지리라.

그리하여 부모가 낳아준 보통 눈으로
삼천대천 온 세계 안팎의 미루산·수미산·철위산과
아울러 그 밖의 다른 산과 숲들
큰 바다와 강과 시내의 물을 다 볼 수 있고,

아래로는 아비지옥에 이르고
위로는 유정천에 이르기까지
그 속에 있는 모든 중생들을 보리니,
비록 천안은 얻지 못했다 하더라도
육안의 힘만 해도 이 정도니라.

"게다가 또 상정진보살이여, 만약 선남자 선여인이 이 경을 수지하여 읽거나 외우며 혹은 해설하거나 베껴 쓴다면 천이백 가지 귀의 공덕을 얻으리라. 이 청정한 귀로써 삼천대천 온 세계의 아래로는 아비지옥에 이르고 위로는 유정천에 이르기까지 그 가운데 안팎의 여러 가지 말과 음성을 다 들으리라. 즉 코끼리의 소리·말의 소리·소의 소리·

수레 구르는 소리·우는 소리·탄식하는 소리·소라 소리·북 소리·종소리·방울 소리·웃는 소리·말하는 소리·남자 소리·여자 소리·동자 소리·동녀 소리·법다운 소리·법답지 못한 소리·괴로운 소리·즐거운 소리·범부 소리·성인 소리·기쁜 소리·기쁘지 않은 소리·하늘 천신의 소리·용의 소리·야차 소리·건달바 소리·가루라 소리·긴나라 소리·마후라가 소리·불 소리·물소리·바람소리·지옥 소리·축생 소리·아귀 소리·비구 소리·비구니 소리·성문 소리·벽지불 소리·보살 소리·부처님 소리를 다 들으리라.

요약하여 말하자면 삼천대천의 온 세계 가운데 일체 안팎의 모든 소리들을, 비록 천이는 아직 얻지 못한 상태라 하더라도 부모가 낳아준 청정한 보통 귀로써 다 들어서 알게 되리라. 이와 같이 여러 가지 음성들을 다 듣고 분별하더라도 귀의 능력은 전혀 손상되지 않으리라."

그때 세존께서 거듭 의미를 표현하시고자 게송으로 말씀하셨다.

부모가 낳아주신 귀도
청정하고 더럽지 않아
그 보통 귀로써
삼천대천 온 세계 소리를 들으리니,

코끼리·말·수레·소 울음소리

종·방울·소라·북 치는 소리
거문고·비파·공후·퉁소·피리 소리
맑고 아름다운 노래를 듣긴 해도 집착하지
않으며,

무수한 종족의 여러 사람들 음성을
듣고서 다 알아차릴 수 있고
또 모든 천상의 소리와
아름다운 노래 소리를 들을 뿐더러,

남자·여자·동자·동녀의 소리와
산천의 험한 골짜기에서 나는
가릉빈가와 명명 새소리
또 다른 온갖 새소리들을 듣되,

지옥의 갖은 고통에 시달려 아우성치는 소리
기갈에 찬 아귀가 음식 찾아 헤매는 소리
많은 아수라들이 큰 바닷가에 살면서
서로 떠들며 말할 때 울려나오는 큰 음성도
듣나니,

이처럼 설법하는 사람은
이 세상에 편안히 거처하며
멀리서 나는 각종 소리들을 듣더라도
귀는 전혀 상하지 않으리라.

시방의 모든 세계에서
새와 짐승들이 서로 울부짖는 소리도
설법하는 사람은
여기 앉아서 전부 들으며,

여러 범천의 세계와 그 위의
광음천과 변정천으로부터
유정천에서 얘기하는 음성까지
법사는 이 세간에 있으면서 다 들으리라.

모든 비구와 비구니들이
경전을 읽고 외우거나
혹은 남을 위해 연설하는 것조차
법사는 여기 머물면서 죄다 들으며,

또 보살들이 경을 읽고 외우며
혹은 남을 위해 설법하거나
책을 편찬하여 그 뜻을 해석해주는
이런 모든 소리들까지 다 들을 뿐 아니라,

중생 교화하시는 여러 부처님 대성존께서
많은 대중들 가운데에서
미묘 법문을 연설하시거든
법화경 지니는 사람은 그 법문마저 다 듣고,

삼천대천 온 세계 안팎의 모든 소리들
아래로는 아비지옥, 위로는 유정천에 이르기까지
그 여러 소리들을 다 듣더라도
귀는 조금도 상하지 않으리니,

그 귀가 총명하고 영리하기에
이런 갖가지 소리를 다 분별하여 알아차리거늘
법화경 수지하는 사람 아직 천이는 얻지 못했어도

타고난 보통 귀의 공덕만 해도 이미 이 정도니라.

"다시 상정진보살이여, 만약 선남자 선여인이 이 경을 수지하여 읽거나 외우며 혹은 해설하거나 베껴 쓴다면 팔백 가지 코의 공덕을 성취하리라. 이 청정한 코의 능력으로써 삼천대천 온 세계 위아래와 안팎의 각종 향기들을 맡으리라. 곧 수만나화 향기·사제화 향기·말리화 향기·첨복화 향기·바라라화 향기·붉은 연꽃 향기·푸른 연꽃 향기·하얀 연꽃 향기·꽃나무 향기·과일나무 향기는 물론이요, 전단향·침수향·다마라발향·다가라향·천만 가지 성분이 섞인 향 등 가루든 덩어리든 바르는 것이든 간에, 이 경을 지니는 사람은 여기 머물면서 다 분별할 수 있느니라. 또 중생들의 냄새를 맡되, 코끼리 냄새·말 냄새·소 냄새·양 냄새와 남자 냄새·여자 냄새·동자 냄새·동녀 냄새, 게다가 풀과 나무와 숲의 냄새까지 다 식별하여 알리라. 그것들이 가까이 있거나 멀리 있거나 상관없이, 그 모든 냄새들을 맡아서 분별하는데 착오가 없으리라.

또한 이 경을 지니는 사람은 비록 여기 땅위에 있더라도 천상의 모든 하늘향기들을 맡으리라. 즉 파리질다라수 향기와 구비다라수 향기 그리고 만다라화 향기·마하만다라화 향기·만수사화 향기·마하만수사화 향기와 전단향·침수향·여러 가지 가루향과 가지각색의 꽃향기 등 이와 같이 수많은 하늘향기들이 서로간에 어우러져 풍겨 나오는 향기들을 맡고서 알아차리지 못하는 것이 하나도 없으리라.

또 모든 하늘천신들의 몸향기를 맡으리니, 석제환인이 멋진 궁전에서 오욕락을 만끽할 때의 향기라든가 훌륭한 법당에서 도리천의 모든 천신들을 위하여 설법할 때의 향기 혹은 여러 동산에서 유희할 때의 향기를 맡으리라. 그리고 그 밖의 다른 천신 남녀들의 몸향기들을 전부 멀리서도 다 맡으리라. 이와 같이 차례로 올라가 점차 범천에 이르고 위로 유정천에 이르기까지 모든 하늘천신들의 몸향기를 죄다 맡으리라. 아울러 모든 하늘에서 피우는 향의 내음과 그리고 성문·벽지불·보살·부처님의 몸향기를 멀리서 맡고는 그 처소마저 제대로 다 파악하리라.

그러나 비록 이렇게 모든 향기들을 맡게 되더라도 코의 능력은 조금도 손상되거나 잘못되지 않으리라. 더욱이 향기를 식별하여 다른 사람을 위해 설명하려고 한다면, 기억이 분명해서 한 치도 어긋나지 않으리라."

그때 세존께서 거듭 의미를 표현하시고자 게송으로 말씀하셨다.

설법자는 코도 청정하여
이 세계 가운데의
향기롭고 혹은 냄새나는 것

갖가지를 모두 맡고 알 수 있나니,

수만나꽃 향기와 사제꽃 향기
다마라발향과 전단향
침수향 그리고 계향
여러 가지 꽃과 과실 향기,

게다가 수많은 중생들의 냄새와
남자·여자 냄새를 구분하되
설법자는 멀리 있어도
냄새 맡고서 그 소재까지 아느니라.

세력이 큰 전륜성왕과 작은 전륜왕
그 아들들과 여러 신하들
그리고 모든 궁인들조차

향기 맡고 있는 곳을 전부 알며,

몸에 차고 있는 진귀한 보배나
땅속에 묻혀 있는 보배광
전륜왕의 예쁜 보배 같은 여자들도
향기 맡고 있는 곳을 죄다 알고,

여러 사람들 몸에 찬 장신구와
의복 그리고 영락
여러 가지 몸에 바른 향 등
그 향기 맡고서 누군지 알아내며,

모든 천신들이 걷는지 앉는지 노는지
아니면 신통으로 변화를 일으키는지
이 법화경 지니는 사람은

향기 맡고서 다 알 수 있나니,

모든 나무의 꽃과 과실 향기
그리고 버터기름 향내도
법화경 지니는 자는 여기 있으면서
그 소재까지 전부 아느니라.

깊고 험한 산골짜기에서
전단나무에 꽃이 핀 것과
거기 사는 중생들조차
향기 맡고 다 알 수 있으며,

철위산과 큰 바닷속과 땅속의
수없이 많은 중생들을
법화경 지니는 사람은

향기 맡고서 그 있는 곳마저 죄다 알고,

아수라 남녀들이
자기네 여러 권속들과
서로 싸우거나 노는 경우를
향기 맡고 모두 알 수 있으며,

넓은 들판과 험한 골짜기의
사자·코끼리·호랑이와
이리·들소·물소 따위가
어디 있는지 냄새 맡고 다 아느니라.

만약 어느 여인이 임신했을 적에
아들인지 딸인지 중성인지 사람이 아닌지
아무도 판단할 수 없더라도

설법자는 냄새 맡고 다 알 수 있으며,

냄새를 맡는 능력으로
그 첫 임신이
무사히 성공할 것인지 아닌지
복덩이를 잘 낳을 것인지 아닌지를 알고,

냄새를 맡는 능력으로
남자와 여자가 무엇을 생각하는지
탐욕·어리석음·성내는 마음에 어느 정도 물들었는지
또한 착한 행실을 닦는 자인가를 모두 아느니라.

땅속에 묻혀 있는 많은 보배광의
금과 은 여러 진귀한 보배들과

구리그릇에 담겨진 것조차
냄새 맡아서 다 알 수 있고,

갖가지 모든 영락
능히 그 값을 알 수는 없더라도
귀하고 흔한 것과 출처와 소재까지
냄새 맡고 모두 아느니라.

천상에 핀 여러 꽃들
만다라꽃과 만수사꽃
파리질다라 나무마저
향기 맡고 다 알 수 있으며,

천상의 모든 궁전들
상·중·하로 차별되어

여러 가지 보배꽃으로 장엄된 것조차
향기 맡고서 죄다 알고,

하늘의 동산과 숲, 멋진 궁전
많은 누각들과 훌륭한 법당
그 가운데에서 유희하는 것도
향기 맡고서 다 아는 것은 물론,

모든 천신들이 법을 듣거나
혹은 오욕락을 누릴 때에
오고 가며 다니고 앉고 눕는 것까지
향기 맡고서 전부 아느니라.

하늘나라 선녀들이 예쁜 옷에다가
꽃과 향수로 어여쁘게 단장한 채

빙글빙글 돌면서 왔다갔다 노니는 시각도
향기 맡고서 다 알 수 있고,

이와 같이 차례로 올라가서
범천의 하늘세계에 이르도록
누가 선정에 들어갔다가 나왔는지
향기 맡고 전부 알 수 있으며,

광음천과 변정천
멀리 유정천에 이르기까지
천신들이 처음 태어나고 죽는 것도
향기 맡고서 죄다 아느니라.

모든 비구 스님들이
불법에 항상 정진하되

앉아 있는지 경행하는지
경전을 읽고 외우는지,

혹은 숲 속 나무 아래에서
오로지 좌선에만 몰두하는지
법화경 지니는 사람은
향기 맡고 그 소재까지 다 아느니라.

보살들의 뜻이 견고하여
좌선하거나 경전을 읽고 외우며
혹은 남들을 위해 설법하는 것마저
향기 맡고서 다 알 수 있고,

곳곳마다 세존께서
일체 중생들의 공경을 받으시며

중생을 불쌍히 여겨 설법하시는 것조차
향기 맡고서 전부 알 수 있느니라.

그리고 중생들이 부처님 앞에서
경을 듣고 모두 환희하여
법과 같이 수행하는 것까지
향기 맡고서 죄다 알 수 있나니,

비록 보살의 무루법으로 얻어지는
그런 코는 아직 얻지 못했더라도
법화경 지니는 사람은
먼저 이러한 코의 조짐부터 얻느니라.

"또 상정진보살이여, 만약 선남자 선여인이 이 경을 수지하여 읽거나 외우며 혹은 해설하거나 베껴 쓴다면 천이백 가지 혀의 공덕을 얻으리라. 그래서 좋거나 거칠거나 맛있거나 맛없거나 쓰거나 떫은 어떤 것이라도 그의 혀끝에 닿으면, 모두 하늘의 감로수처럼 으뜸가는 맛으로 달게 변하여 맛없는 것이 없으리라.

더욱이 만약 그 혀로써 대중 가운데에서 법을 연설하게 되면, 깊고도 아름다운 음성으로 듣는 사람들 마음속에 깊이 스며들어 그들을 모두 기쁘고 즐겁게 하리라. 또 여러 천자와 천녀·제석천왕과 범천왕 등 모든 하늘나라 천신들마저 그 깊고 아름다운 음성으로 연설하는 말의 논리가 정연한 것을 듣고는 전부 와서 경청하리라. 그리고 모든 용과 용녀·야차와 야차녀·건달바와 건달바녀·아수라와 아수라녀·가루라와 가루라녀·긴나라와 긴나라녀·마후라가와 마후라가녀들도 법문을 듣기 위해 죄다 찾아와서 가까이 모시며 공경하고 공양하리라. 또 비구·비구니·우바새·우바이와 국왕·왕자·여러 신하들과 그 권속뿐 아니라, 세력이 작은 전륜왕과 큰 전륜왕 그리고 전륜왕의 칠보와 천 명의 아들들과 내외 권속들까지 저마다 궁전을 타고 함께 와서 법문을 들으리라.

그 보살이 설법을 잘하기 때문에 바라문과 거사와 나라 안의 모든 백성들도 목숨이 다하도록 따르고 모시며 공양하리라. 또 여러 성문과 벽지불·보살·모든 부처님들께서 언제나 그 사람 보기를 좋아하시며, 그 사람이 어디에 있건 부처님들께서 다 그 사람 있는 곳을 향하여 설법하시리라.

그리하여 그는 모든 부처님들의 가르침을 전부 받아 간직하는 것은 물론, 또 깊고도 아름다운 법음을 펼칠 수 있으리라."

그때 세존께서 거듭 의미를 표현하시고자 게송으로 말씀하셨다.

설법자는 혀도 청정하여
끝내 맛없는 것은 하나도 맛보지 않게 되리니,
그 사람이 먹게 되면
모두 감로수처럼 달고 맛있게 되리라.

깊고 맑으며 미묘한 음성으로써
대중에게 법을 설하되
여러 가지 인연과 비유로써
중생들 마음을 인도하거니,

듣는 사람 모두 환희하여
가장 최상의 공양을 올리며
하늘천신·용·야차·아수라들도
모두 공경하는 마음으로써 함께 와서 법을
들으리라.

설법하는 사람이
만약 미묘한 음성으로써
삼천대천 온 세계에 들리게 하고자 할 것
같으면

자기 맘대로 두루 울려 퍼지게 할 수 있나니,

대전륜왕과 소전륜왕
그리고 천 명의 아들들과 권속들이
합장하고 공경하는 마음으로
항상 찾아와서 법문을 경청하고,

모든 하늘천신·용·야차와
나찰과 비사사 귀신조차
또한 환희심으로
늘 찾아와 공양하기를 좋아하리라.

범천왕과 마왕
자재천왕과 대자재천왕
이와 같이 많은 하늘천신들이

언제나 그 사람 있는 데로 찾아오거늘,

모든 부처님과 제자들까지
그 설법하는 음성을 듣고는
항상 호념하고 수호할 뿐 아니라
때로는 직접 몸을 나타내기도 하시느니라.

"다시 상정진보살이여, 만약 선남자 선여인이 이 경을 수지하여 읽거나 외우며 혹은 해설하거나 베껴 쓴다면 팔백 가지 몸의 공덕을 얻으리라. 그리하여 맑고 깨끗한 유리보석과 같은 청정한 몸을 얻어서 중생들이 보기 좋아하리라.

그리고 몸이 너무 깨끗하기 때문에 삼천대

천의 온 세계 중생들이 태어나고 죽는 순간은 물론이며, 우수한지 하열한지, 예쁜지 미운지, 좋은 환경에 태어나는지 나쁜 환경에 태어나는지 등등이 전부 그 몸에 비쳐지느니라. 또 철위산·대철위산·미루산·마하미루산 등 여러 산들과 그 속의 중생들도 다 몸에 비쳐지며, 아래로는 아비지옥에 이르고 위로는 유정천에 이르기까지 그 안에 있는 온갖 것과 중생들조차 전부 몸에 비쳐지느니라. 더욱이 성문·벽지불·보살 그리고 모든 부처님들께서 설법하시면, 그 사람의 몸에 설법하시는 모습과 형상들이 그대로 다 비쳐지느니라."

그때 세존께서 거듭 의미를 표현하시고자 게송으로 말씀하셨다.

법화경 간직하는 자
그 몸이 매우 청정하여
마치 깨끗한 유리보석 같으매
중생들이 전부 보기 좋아하리라.

또 깨끗하고 밝은 거울에
모든 모양과 형상이 잘 비쳐지듯이
보살은 깨끗한 몸으로 세상 모든 것을 보되
오직 자신만 볼 뿐 다른 이는 보지 못하나니,

삼천대천 온 세계 가운데 일체 생물들
하늘천신·사람·아수라·지옥·아귀·축생의
그와 같은 각종 모양과 형상들이
전부 그 사람 몸에 비쳐지리라.

유정천에 이르는
많은 하늘 궁전들과
철위산·미루산·마하미루산과
큰 바닷물도 모두 몸에 비쳐지며,

여러 부처님들과 성문스님들
그리고 부처님 제자인 보살들이
혼자 있는지 대중 속에서 설법하는지
죄다 그 몸에 비쳐지나니,

비록 무루 법성의 미묘한 몸을
아직 얻지는 못하였더라도
설법자의 청정한 보통 몸에
일체가 모두 비쳐지리라.

"또 상정진보살이여!

만약 선남자 선여인이 여래가 열반한 뒤에 이 경을 수지하여 읽거나 외우며 혹은 해설하거나 베껴 쓴다면 천이백 가지 마음의 공덕을 얻으리라.

이 청정한 정신 능력으로써 심지어 한 게송이나 한 구절만 듣더라도 한량없이 많은 의미를 통달하게 되리라. 그래서 일단 그 뜻을 알고 난 다음에는 한 구절이나 한 게송을 한 달에서 넉 달 아니 일 년 동안을 계속 연설할지라도, 설법하는 모든 내용들이 그 뜻의 본질에 부합하여 참된 실상과 서로 어긋나지 않으리라.

그리하여 설사 세간의 책자나 정치적인

말 또는 재산이나 직업 등에 관하여 얘기를 하더라도 모두 정법에 순응해서 말하리라. 더욱이 삼천대천 온 세계 여섯 갈래 모든 중생들의 마음이 어떻게 작용하며 어떻게 움직이고, 또 마음으로 쓸데없이 희론하는 바가 무엇인지조차 모두 알게 되리라. 비록 무루의 참 지혜는 아직 얻지 못한 상태라 하더라도, 그 설법자의 정신 능력은 이 정도로 청정하리라.

따라서 그 사람이 사색하며 헤아리고 말하는 점 하나하나가 전부 그대로 불법이어서, 진실하지 않은 것이 하나도 없으리라. 또한 그 사람이 말하는 것은 순전히 과거 부처님들께서 경전 가운데 말씀하셨던 그런 내용들이리라."

그때 세존께서 거듭 의미를 표현하시고자 게송으로 말씀하셨다.

설법자는 정신도 깨끗하여
밝고 영리하며 흐리멍덩하지 않나니
이 뛰어난 정신 능력으로써
상·중·하의 여러 가지 법을 알되,

심지어 한 게송만 듣더라도
한량없는 의미를 통달하여
차근차근 법에 맞게
한 달 넉 달 혹은 일 년까지도 설법하리라.

이 세상 안팎의
모든 중생들인
하늘천신과 용 그리고 사람
야차와 귀신 등,

육도 가운데 온갖 중생들이
갖고 있는 수많은 생각들도
법화경 수지한 과보로
일시에 모두 알게 되고,

시방세계 무수한 부처님들께서
백 가지 복덕의 장엄하신 모습으로
중생들 위하여 설법하시는 법문조차
모두 듣고서 받아 간직할 수 있으며,

한량없는 뜻을 사색하고
설법 역시 끝없이 오래 하더라도
시종 잊어버린다거나 그릇됨이 없으리니
법화경을 간직한 덕분이로다.

모든 법의 모양을 알고
뜻에 따라 적절한 차례까지 아는 데다
이름이나 언어에도 훤히 통달하여
아는 대로 바르게 연설하되,

그가 말하는 이야기들은
전부 과거 부처님들의 법으로
그 법을 연설하기에
대중 속에서도 두려움이 없느니라.

법화경 지니는 자는
정신이 이와 같이 깨끗하여
비록 무루의 지혜는 얻지 못했더라도
먼저 이와 같은 조짐이 있게 되느니라.

그 사람이 이 경전을 간직하고
희유한 경지에 편안히 머물매
일체 중생들이 환희에 차서
사랑하고 공경하게 되거늘,

그가 능히 천만 가지의 다양하고
이해하기 쉬운 말로써
잘 분별하여 설법할 수 있는 것은
오로지 법화경을 간직한 덕분이로다.

제20 상불경보살품

그때 부처님께서 득대세 보살마하살에게 이르시었다.

"그대는 이제 마땅히 잘 명심하도록 해라. 만약 법화경을 수지하는 비구·비구니와 우바새·우바이를 어떤 이가 나쁜 말로 욕하고 꾸짖거나 비방한다면, 앞서 말한 대로 큰 죄보를 받으리라. (그러나 반대로 경을 수지하여 독송하고 남에게 설명해주거나 베껴 쓴다면) 이 공덕으로 그 사람은 방금 전에 말한 것처럼 눈·귀·코·혀·몸·마음이 모두 청정해지리라.

득대세보살이여!

지나간 옛적 한량없고 그지없으며 이루 헤아릴 수 없도록 머나먼 아승기 겁 오랜 세월 전에 한 부처님께서 계셨으니, 부처님 이름은 위음왕여래·응공·정변지·명행족·선서·세간해·무상사·조어장부·천인사·불세존이셨느니라. 그 시대의 이름은 이쇠였고, 세계의 이름은 대성이었느니라.

위음왕 부처님께서는 그 세계에서 하늘천신·사람·아수라들을 위하여 설법하셨는데, 성문 구하는 사람을 위해서는 응당 사제법을 말씀하시어 생로병사를 벗어나 마침내 열반에 이르도록 하셨느니라. 또한 벽지불 구하는 사람을 위해서는 십이인연법을 말씀하셨고, 모든 보살들을 위해서는 아뇩다라삼먁삼보리를 깨닫도록 육바라밀의 가르침을 설하여 부처님 지혜를 이루게 하셨느니라.

득대세보살이여, 그 위음왕 부처님의 수명은 사십만억 나유타 항하의 모래알처럼 수없이 오랜 겁이었느니라. 정법이 세상에 머문 기간은 한 염부제의 티끌수처럼 무수한 겁이었고, 상법이 세상에 머문 기간은 사천하의 티끌수만큼 기나긴 겁이었느니라.

그 부처님께서 중생들을 이롭게 하시고 열반에 드신 다음 정법과 상법마저 다 없어진 뒤, 다시 그 세계에 부처님께서 출현하셨느니라. 그 부처님의 이름도 역시 위음왕여래·응공·정변지·명행족·선서·세간해·무상사·조어장부·천인사·불세존이셨느니라. 이와 같이 차례로 이만억 분의 부처님들께서 출현하셨는데, 모두 똑같이 위음왕불이셨느니라.

맨 첫 번째 위음왕여래께서 열반에 드시고 나서 정법이 사라진 뒤 상법 시대에 이르자, 증상만 비구들이 자못 큰 세력을 행사하였느니라. 그 당시 보살 경지에 오른 한 비구가 있었는데, 사람들이 상불경 스님이라 부르곤 하였느니라.

득대세보살이여!

무슨 이유로 사람들이 상불경 스님이라

불렀는가 하면, 그 비구스님은 무릇 만나는 이마다 비구든 비구니든 우바새든 우바이든 보는 대로 모두 절하고 찬탄하며 이렇게 말하곤 했기 때문이니라.

'저는 여러분을 마음속 깊이 존경하며, 가벼이 여기거나 업신여기지 않습니다. 왜냐하면 여러분은 모두 보살도를 닦아 반드시 성불하실 분이기 때문입니다.'

그 비구는 경전을 지성으로 읽거나 외우지는 않았지만, 예배만큼은 아주 정성껏 하였느니라. 심지어 아주 먼 데서 사부대중 가운데 누구라도 보게 되면, 일부러 쫓아가서라도 절하고 찬탄하며 말하였느니라.

'저는 감히 여러분을 가벼이 업신여기지

않습니다. 여러분은 모두 반드시 부처님이 되실 것입니다.'

그러나 사부대중 가운데는 마음이 부정하여 그런 소릴 듣고 성질을 내는 자도 있었느니라. 그들은 나쁜 말로 욕설하며 다음과 같이 꾸짖었느니라.

'이 무식한 비구 같으니라고! 도대체 어디서 와서 자기가 우리를 가벼이 업신여기지 않는다고 말하는가? 더구나 되지 못하게 우리들에게 수기까지 주며, 반드시 성불할 것이라고 혼자 지껄여 대는가? 우리들은 그와 같은 허망한 수기 따위는 필요 없단 말이다.'

이처럼 여러 해 동안 그는 늘 욕설과 모욕을 당하면서도 성내지 않으며, 언제나 '여러분은 반드시 성불할 것입니다'라고 말하였느니라. 이렇게 그가 말할 때면 많은 사람들이 작대기나 기왓장 혹은 돌멩이 따위를 그에게 마구 집어던졌느니라. 그러면 그는 작대기나 돌멩이를 피해 멀리 달아나면서도, 오히려 더 큰 목소리로 이렇게 외쳤느니라.

'저는 감히 여러분을 가벼이 업신여기지 않습니다. 여러분은 모두 마땅히 부처님이 되실 것입니다.'

그가 항상 이렇게 말하고 다녔기 때문에, 증상만의 비구·비구니·우바새·우바이들은 그 스님을 '항상 업신여기지 않는 자'라는 뜻으로 '상불경'이라 불렀느니라.

그런데 그 상불경 스님이 목숨을 마치려고

할 때, 허공에서 옛날 위음왕 부처님께서 설하셨던 법화경의 이십천만억 게송들을 전부 듣고는 다 받아 지닐 수 있게 되었느니라. 그러자 앞서 말했던 대로 눈이 청정해지고, 귀·코·혀·몸·마음이 모두 청정해졌느니라. 이렇게 육근이 청정해지자 수명이 더 늘어나서, 다시 이백만억 나유타의 기나긴 세월 동안 다른 사람들을 위하여 널리 법화경을 연설하였느니라.

그 당시 증상만이었던 사부대중, 곧 비구·비구니·우바새·우바이로서 그를 깔보며 '상불경'이라고 놀려댔던 자들도 그가 큰 신통력과 설법 잘하는 웅변력과 큰 선적력 얻은 것을 확인하고 또 설법 내용을 듣고는, 모두 그를 믿고 기꺼이 순종하며 따르게 되었느니라. 그 보살은 다시 천만억 대중들을 교화하여 아뇩다라삼먁삼보리에 머물도록 하였느니라.

상불경보살은 목숨을 마친 다음에 또 이천억 부처님들을 친견하였느니라. 부처님들의 이름은 모두 일월등명불이셨으며, 그 부처님들 법 가운데에서도 법화경을 연설하였느니라. 그 인연으로써 또다시 이천억 부처님들을 친견했으니, 부처님들의 이름은 다 같이 운자재등왕불이셨느니라. 그 부처님들 법 가운데에서도 법화경을 수지하여 읽고 외웠으며, 여러 사부대중을 위하여 연설했기 때문에 눈이 항상 청정했느니라. 뿐만 아니라 귀·코·혀·몸·마음의 다른 감각 기관도 모두 청정해졌으며, 사부대중 속에서 설법하더라도 마음에 전혀 두려운 바가 없게 되었느니라.

득대세보살이여!

그 상불경 보살마하살은 이와 같이 수많은 부처님들께 공양 올렸으며, 공경하고 존중히 찬탄하여 많은 선근을 심었느니라. 그 후에 천만억 부처님들을 더 친견하였으며, 역시 그 부처님들 법 가운데에서도 법화경을 설했느니라. 이윽고 이런 공덕이 쌓여서 드디어 성불하게 되었느니라.

득대세보살이여, 어떻게 생각하느냐? 그 때의 상불경보살이 누구겠느냐?

바로 내가 그 상불경보살이었느니라.

만약 내가 과거세에 이 법화경을 수지하여 읽고 외우며 다른 사람을 위해 설하지 않았더라면, 이렇게 빨리 아뇩다라삼먁삼보리를 얻을 수 없었을 것이니라. 나는 과거 부처님들 처소에서 이 경을 수지하여 읽고 외우며 남을 위해 연설했기 때문에, 빨리 아뇩다라삼먁삼보리를 얻게 되었느니라.

득대세보살이여!

그 당시 사부대중이었던 비구·비구니·우바새·우바이들은 성내며 나를 경멸하고 천대했기 때문에, 이백억 겁 동안이나 부처님을 만나지 못했으며 법을 듣지 못했고 스님도 보지 못했느니라. 그리고 천 겁 동안 아비지옥에서 큰 고통을 받았느니라. 그렇지만 그

죄값을 다 치른 다음에는 다시 상불경보살을 만나 교화되어 아뇩다라삼먁삼보리로 향하였느니라.

득대세보살이여, 그대 생각은 어떠한가? 그 당시 항상 상불경보살을 경멸했던 사부대중들이 누구겠느냐? 지금 이 모임에 있는 발타바라보살을 비롯한 오백 명의 보살들과 사자월 비구니를 포함한 오백 명의 비구니스님들 그리고 사불을 비롯한 오백 명의 우바새들이니라. 곧 현재 모두 아뇩다라삼먁삼보리에서 물러나지 않는 경지에 오른 자들이 바로 그들이었느니라.

득대세보살이여, 마땅히 잘 명심하여라. 이 법화경은 모든 보살마하살들을 크게 이롭게 하나니, 능히 보살들로 하여금 아뇩다라삼먁삼보리에 이르게 하느니라. 그러므로 모든 보살마하살들은 여래가 열반한 뒤에, 언제나 이 법화경을 수지하여 읽고 외우며 해설하고 베껴 써야 하느니라."

그때 세존께서 거듭 의미를 표현하시고자 게송으로 말씀하셨다.

지난 과거 세상에 계셨던
위음왕 부처님께서
한량없는 신통력과 지혜로
일체 중생들 인도하셨거늘,

하늘천신과 사람·용과 귀신들

모두 함께 공양 올렸나니
그 부처님 열반하신 후 정법이 다할 즈음에
상불경이라는 보살 한 분이 있었느니라.

당시 모든 사부대중들
꼬치꼬치 따지며 법에 집착하자
상불경보살이
그들 있는 처소로 가서

넌지시 그들에게 말하기를,
'저는 여러분을 가벼이 여기지 않습니다.
왜냐하면 여러분은 도를 닦아서
모두 반드시 성불하실 분이기 때문입니다.'

모든 사람들이 그 말을 듣고

업신여기며 욕하고 꾸짖어도
상불경보살은
능히 잘 참고 받아들이더니,

그가 숙세의 죄보를 마치고
목숨이 다할 무렵에
이 법화경을 듣고는
육근이 모두 청정해졌느니라.

게다가 신통력 덕분에
수명까지 늘어나
다시 여러 사람들을 위해
널리 이 경전을 연설했나니,

법에 집착했던 많은 무리들

상불경보살이 다 교화하고 성취시켜
그들 모두 불도에
머무르게 하였느니라.

상불경보살은 목숨을 마치자
무수한 부처님들을 친견하게 되었고
이 경전을 연설한 덕분에 한량없는 복을 받아
점점 공덕을 갖추어 빨리 불도를 이루었느니라.

당시의 상불경보살은 바로 나였으며
그때 사부대중으로서 법에 집착했던 자들은
상불경보살로부터 성불할 것이라는 말을 듣고는
그 인연으로써 수없이 많은 부처님들을 친견했나니,

바로 이 법회에 있는 오백 명의 보살들과
아울러 지금 내 앞에서
법을 듣고 있는 사부대중
청신사·청신녀들이 바로 그들이었느니라.

나는 지난 세상 이 모든 사람들에게
법화경 제일 으뜸가는 법을 듣도록 권했으며
법을 열어 보이고 가르쳐서 열반에 머물게 했고
세세생생 이와 같은 경전을 수지하게 하였느니라.

기나긴 억억만 겁
불가사의한 세월이 흐른 다음
비로소 때가 되어야
이 법화경을 들을 수 있고,

기나긴 억억만 겁
불가사의한 세월이 흐른 다음
모든 부처님 세존께서도
때가 되어야만 이 법화경을 설하시나니,

그러므로 수행하는 사람이
부처님 열반하신 후에
이와 같은 경을 듣게 되거든
삼가 의심하지 말고,

부디 일심으로
널리 이 경을 연설하여
세세생생 부처님을 만나
빨리 불도를 이루도록 하여라.

제21 여래신력품

그때 땅 밑에서 솟아올라온 천 세계의 티끌수처럼 수많은 보살마하살들이 모두 부처님 앞에서 일심으로 합장한 채, 부처님의 거룩하신 얼굴을 우러러보며 사뢰었다.

"세존이시여!

저희들은 부처님께서 열반하신 뒤 세존의 분신부처님들 계시는 여러 나라들과 그 분신부처님들 열반지에서도 마땅히 이 법화경을 널리 설하겠나이다. 왜냐하면 저희들 역시 직접 이 진실하고 청정한 큰 법을 얻어, 수지하여 읽고 외우며 해설하고 베껴 써서 경전에 공양하고 싶기 때문입니다."

그때 세존께서는 문수사리보살 등 옛적부터 사바세계에 머물렀던 한량없는 백천만억 보살마하살들과 모든 비구·비구니·우바새·우바이들, 그리고 하늘천신·용·야차와 건달바·아수라·가루라·긴나라·마후라가 같이 사람인 듯하면서 아닌 일체 대중들 앞에서 큰 신통력을 나타내셨다. 즉 넓고 긴 혀를 내시어 위로 범천의 하늘나라에까지 닿게 하셨고, 모든 털구멍마다 형형색색의 무량무수한 광명을 놓으사 시방세계들을 두루 비추셨다. 그러자 많은 보배나무 밑 사자좌 위의 모든 분신부처님들도 그와 같이 넓고 긴 혀를 내시면서 한량없는 광명을 찬란히 비추셨다.

석가모니 부처님과 보배나무 아래 분신부처님들께서 신통력을 나타내신 지 백천 년이 지난 다음에서야 도로 그 혀를 거두시었다. 그리고 일시에 큰 기침소리를 내시면서 함께 손가락을 튕기셨다. 그 두 가지 소리가 시방의 모든 부처님들 세계에 울리자, 땅도 모두 여섯 가지로 진동하며 움직였다. 이윽고 그 시방세계에 있던 중생들, 곧 하늘천신·용·야차와 건달바·아수라·가루라·긴나라·마후라가 같이 사람인 듯하면서 아닌 이들이 부처님 신통력으로 죄다 거기에서 이 사바세계를 보게 되었다. 그래서 한량없고 끝없는 백천만억 여러 보배나무 아래 사자좌 위에 앉아 계신 분신부처님들을 보았고, 석가모니 부처님께서 다보여래와 함께 보배탑 속의 사자좌 위에 앉아 계신 것을 보았다. 또 한량없고 끝없는 백천만억의 보살마하살들과 여러 사부대중들이 공경하며 석가모니 부처님을 둘러싸고 있는 것을 보았다. 이런 거룩한 광경을 보고 난 시방세계의 중생들은 모두 크게 환희하여 일찍이 없던 희유함을 느꼈다. 마침 그때 모든 하늘천신들이 허공 가운데에서 큰 소리로 외쳤다.

"이곳으로부터 백천만억 한량없고 끝없는

아승기의 수많은 세계들을 지나서 사바세계가 있는데, 그곳에 석가모니 부처님께서 계시느니라. 지금 그 부처님께서 모든 보살마하살들을 위하여 대승경을 설하시고 계시니, 바로 묘법연화경이니라. 보살을 가르치는 법이며 부처님들께서 호념하시는 경전이니라. 그러니 너희들도 마땅히 마음속 깊이 따라 기뻐하며, 석가모니 부처님께 예배드리고 공양하도록 하여라."

시방세계의 모든 중생들은 공중에서 나는 소리를 듣자, 합장하고 사바세계를 향하여 이렇게 말하였다.

"나무 석가모니불…

나무 석가모니불……"

그와 동시에 여러 가지 꽃·향·영락·깃발·일산 그리고 온갖 장식품들과 진귀한 보배와 기묘한 물건들을 멀리서 사바세계를 향하여 정성껏 던졌다. 시방에서 날아든 각종 공양물들은 마치 구름이 한꺼번에 우르르 몰려오는 듯싶더니만, 아름다운 보배휘장으로 바뀌어 사바세계의 모든 부처님들 머리 위를 장식하였다. 그러자 시방세계 전체가 툭 트이고 걸림이 없어져서 하나의 불국토로 변했다. 그때 석가모니 부처님께서 상행보살을 비롯한 여러 보살대중들에게 이르시었다.

"모든 부처님들의 신통력은 이와 같이 한량없고 끝이 없으며 가히 생각으로 헤아릴 수가 없느니라. 하지만 내가 아무리 큰 신통력으로써 무량무변 백천만억 아승기 겁의 오랜 세월 동안 경전을 부촉하기 위해, 이 경전의 공덕을 말한다 할지라도 오히려 다 말할 수 없으리라. 요약해서 말하자면, 여래가 체득한 모든 가르침과 자유자재한 온갖 신통력, 여래의 요긴하고 비밀한 일체 법장과 깊고 심오한 모든 일들을 전부 이 법화경에서 펴 보이고 밝혀서 설명하고 있느니라.

그러므로 그대들은 여래가 열반한 뒤에 응당 일심으로 이 경을 수지하여 읽고 외우며 해설하고 베껴 쓸 뿐더러, 경의 말씀대로 똑같이 수행해야 하느니라. 그리고 어느 나라에서든 만일 이 경을 수지하여 읽고 외우며 해설하고 베껴 쓰고 또 경의 말씀대로 수행하는 이가 있거나 경책이 있는 곳이라면, 동산이든 숲 속이든 나무 아래든 혹은 절이든 속가집이든 대궐이든 산골짜기이든 넓은 들판이든 상관없이 그곳에 모두 탑을 세워 공양해야 하느니라. 왜냐하면 마땅히 잘 명심할지니, 그곳이 바로 도를 닦는 도량이기 때문이니라. 즉 모든 부처님들께서 그곳에서 아뇩다라삼먁삼보리를 얻으셨고, 그곳에서 법륜을 굴리시며 또 그곳에서 열반에 드시기 때문이니라."

그때 세존께서 거듭 의미를 표현하시고자 게송으로 말씀하셨다.

세상을 구원하시는 모든 부처님들께서
큰 신통력에 머무르사
중생들 기쁘게 하시려고
한량없는 신통력 나타내시되,

혀는 하늘나라 범천에까지 이르고
몸에서는 무수한 광명 비추시거늘
불도 구하는 자를 위해서
이 같이 희유한 일 나타내도다.

모든 부처님들의 기침소리와
손가락 튕기는 소리가
온 시방세계에 들리매
땅도 전부 여섯 가지로 진동하나니,

부처님 열반하신 뒤에도
이 경전 잘 간직하게 하시려고
모든 부처님들께서 환희하시며
한량없는 신통력 나타내시도다.

이 경전 누누이 부촉하기 위하여
경전 수지하는 자를 그토록 찬미하시되
설사 한량없이 오랜 겁 동안 칭찬하더라도
오히려 다할 수 없을 정도이거니,

그 사람의 공덕은
끝도 없고 한이 없어서
마치 시방의 허공처럼
다함이 없도다.

능히 이 법화경 지니는 자는
이미 나를 본 것이나 다름없으며
역시 다보불과 모든 분신부처님들 친견한
셈이고
또 내가 오늘 교화한 많은 보살들도 본 것과
마찬가지로다.

능히 이 법화경 지니는 자는
나와 나의 분신부처님들과
옛날에 열반하셨던 다보 부처님까지
모두 기쁘게 하는 것일 뿐 아니라,

시방세계 현재의 다른 부처님들과
아울러 과거와 미래의 부처님들도
마찬가지로 친견하고 공양하여

모두들 기쁘게 하는 셈이니,

모든 부처님들 도량에 앉아 얻으셨던
요긴하고 비밀한 법을
능히 이 경전 지니는 자는
마땅히 빨리 얻으리라.

이 법화경 수지하는 자는
모든 가르침의 뜻과 이름과 이야기를
허공 속의 바람이 장애 없이 움직이듯
아주 즐겁게 설명하되 도무지 막힘이 없으며,

부처님 열반하신 뒤에도
부처님께서 설하신 경전의
인연과 차례까지 잘 알아서

뜻에 맞게 여실히 설하리니,

마치 해와 달의 밝은 빛이
능히 어둠을 몰아내듯이
세간에 있으면서 중생들의 어둠을 없애고
많은 보살들 교화하여 마침내 일불승에 머물
게 하리라.

그러므로 지혜로운 사람이라면
경전 지니는 공덕과 이익에 대해서 듣고
내 열반한 뒤에도 응당 이 경전을 수지할지니
그 사람은 의심의 여지없이 불도를 성취하리라.

제22 촉루품

그때 석가모니 부처님께서 법좌로부터 일어나시어 큰 신통력을 나타내셨으니, 곧 오른손으로 한량없는 보살마하살들의 이마를 한꺼번에 만지시며 이렇게 말씀하셨다.

"내가 한량없는 백천만억 아승기 겁의 오랜 세월 동안 닦아 익혔던 이 얻기 어려운 아뇩다라삼먁삼보리의 가르침을 이제 그대들에게 맡기노라. 그러니 그대들은 마땅히 일심으로 이 법을 유포시켜 더욱 널리 이익되게 하여라!"

이와 같이 세 차례나 되풀이해서 모든 보살마하살들의 이마를 만지시며 다음과 같이 말씀하셨다.

"내가 한량없는 백천만억 아승기 겁의 오랜 세월 동안 닦아 익혔던 이 얻기 어려운 아뇩다라삼먁삼보리법을 이제 그대들에게 맡기노라. 그러니 그대들은 마땅히 이 법을 수지하여 읽고 외우며 널리 펴서, 일체 중생들로 하여금 어디서나 듣게 하고 알도록 하여라. 왜냐하면 여래는 대자대비하여 어떤 것도 아까워하지 않으며 또한 두려움이 없기 때문에, 능히 중생들에게 부처님 지혜인 여래의 지혜, 곧 자연의 지혜를 가르쳐주느니라. 따라서 여래는 바로 모든 중생들에게 큰 시주자가 되니, 그대들도 역시 여래의 법을 따라 배워서 절대로 아끼거나 인색한 마음을 내어서는 안 되느니라.

앞으로 미래 세상에 만약 여래의 지혜를 믿는 선남자 선여인이 있거든, 마땅히 이 법화경을 연설해주어서 잘 듣게 하고 알게 하여라. 그것은 다름 아니라 그 사람으로 하여금 부처님과 똑같은 지혜를 얻도록 하기 위해서이니라. 그러나 여래의 지혜를 믿지 못하고 이해하지 못하는 중생이 있거든, 마땅히 여래가 설했던 다른 깊은 가르침 안에서 보여주고 가르쳐서 이롭게 하고 또 기쁘게 하여라. 그대들이 능히 이와 같이 할 수 있다면 이미 모든 부처님들의 은혜에 보답한 것이 되느니라."

당시에 모든 보살마하살들은 부처님의 말씀을 듣고 나자 온몸이 큰 기쁨으로 충만해졌다. 그래서 더욱 공경하는 마음으로 몸을 구부리고 머리를 숙여 합장한 채, 부처님을 향하여 일제히 큰 소리로 말씀드렸다.

"세존의 분부대로 마땅히 모든 것을 빠짐없이 받들어 시행하겠습니다. 그러니 부디 세존께서는 너무 염려하지 마시옵소서!"

모든 보살마하살들은 이와 같이 세 차례씩 되풀이하여 일제히 큰 소리로 말씀드렸다.

"세존의 분부대로 마땅히 모든 것을 빠짐

없이 받들어 시행하겠습니다. 부디 세존께서는 너무 염려하지 마시옵소서!"

그러자 그때 석가모니 부처님께서는 시방세계에서 오신 모든 분신부처님들을 각각 본국으로 돌아가시게 하려고 이렇게 말씀하셨다.

"모든 분신부처님들께서는 각각 원래 오셨던 곳으로 되돌아가시고, 다보 부처님의 탑도 전에 계셨던 곳으로 돌아가시지요."

석가모니 부처님께서 이 말씀을 하시자 보배나무 밑 사자좌 위에 앉아 계셨던 시방의 한량없는 분신부처님들과 다보 부처님, 상행보살을 비롯한 수많은 아승기 수의 보살대중들과 사리불을 포함한 성문 사부대중들 그리고 일체 세상의 하늘천신·사람·아수라 등이 부처님 말씀을 듣고 모두 크게 환희하였다.

제23 약왕보살본사품

그때 수왕화보살이 부처님께 사뢰었다.

"세존이시여, 약왕보살은 어찌하여 이 사바세계에 자유로이 오고가며 유희합니까? 세존이시여! 약왕보살에게는 백천만억 나유타 수에 상당한 난행과 고행 경력이 있다고 하던데……. 거룩하신 세존이시여, 부디 그 점에 대해서 간략하게나마 설명해주시옵소서! 그것을 들으면 하늘천신·용·귀신·야차·

건달바·아수라·가루라·긴나라·마후라가 같이 사람인 듯하면서 아닌 이들과 다른 세계에서 온 많은 보살들 그리고 여기의 성문대중들도 모두 기뻐할 것입니다."

그때 부처님께서 수왕화보살에게 이르시었다.

"지난 과거 한량없는 항하 모래알 수처럼 많고 많은 오랜 세월 전에 부처님께서 계셨으니, 부처님 이름은 일월정명덕여래·응공·정변지·명행족·선서·세간해·무상사·조어장부·천인사·불세존이셨느니라. 그 부처님께는 팔십억의 대보살마하살들과 칠십이 항하의 모래알에 해당하는 무수한 큰 성문제자들이 있었느니라. 부처님의 수명은 사만이천 겁이었으며, 보살들의 수명도 똑같이 사만 이천 겁이었느니라.

그 세계에는 여인이 없을 뿐만 아니라, 지옥·아귀·축생·아수라 등 여러 힘든 곳들이 아예 없었느니라. 땅은 손바닥처럼 평탄한 데다 청보석의 유리로 이루어졌고, 보배나무로 우아하게 장엄되었느니라. 보배휘장이 그 위를 덮었거늘 보배꽃 달린 깃발들이 아름답게 드리워졌으며, 보배병과 보배향로들이 나라 안에 가득하였느니라. 칠보로 만든 좌대가 나무 밑동마다 하나씩 있었는데, 나무 밑에서 좌대까지 거리가 화살 한 번 쏘아서 닿을 정도의 거리였느니라. 보배나무 밑에는 보살과 성문들이 전부 앉아 있었고, 보배로 지어진

좌대들 위에는 각각 백억이나 되는 천신들이 있었느니라. 그 하늘천신들은 하늘악기들을 연주하고, 일월정명덕 부처님을 노래 불러 찬탄하며 공양하였느니라.

그때 일월정명덕 부처님께서는 일체중생희견보살을 비롯한 여러 보살들과 성문대중들을 위하여 법화경을 설해주셨느니라. 일체중생희견보살은 기꺼이 고행을 감수해 가며 일월정명덕 부처님 법 가운데에서 정진하고 경행하여 일심으로 불도에 전념하였느니라. 그렇게 만이천 년 동안 수도한 뒤에 그는 현일체색신삼매를 얻었느니라. 그 삼매를 얻고 일체중생희견보살은 마음으로 크게 환희하여 생각하되,

'내가 현일체색신삼매를 얻은 것은 모두가 이 법화경을 들었기 때문이니, 내 이제 마땅히 일월정명덕 부처님과 법화경에 공양하리라.'

이윽고 즉시 현일체색신삼매에 들어, 공중에서 만다라꽃과 마하만다라꽃의 꽃비를 내렸느니라. 그리고 고운 가루로 된 단단한 검은 전단향 가루들이 하늘을 가득 덮은 구름처럼 떼로 몰려와 분분히 날렸느니라. 또 수미산 부근의 바다 이남에서 나는 전단향도 비오듯 내렸는데, 그 향의 육 그램정도만 해도 무려 사바세계에 상당할 만큼 값비싼 것이었느니라. 그는 이러한 모든 것들을 가지고 부처님께 공양 올렸느니라.

이렇게 공양을 다 마치고 삼매로부터 일어나 스스로 생각하기를,

'내가 비록 신통력으로써 부처님께 공양 올리긴 했으나, 진짜 육신으로써 공양 올리는 것이 훨씬 더 나으리라.'

그래서 온갖 향들인 전단향·훈육향·도루바향·필력가향·침수향·교향 등을 먹었느니라. 또 첨복화와 여러 꽃들에서 짜낸 향유를 천이백 년 동안이나 마셨느니라. 그런 다음 향유를 몸에 바른 뒤, 일월정명덕 부처님 앞에서 하늘나라 보배옷으로 직접 몸을 감싸고는 여러 향유들을 부어 적셨느니라. 그리고 신통력과 원력으로써 스스로 자기 몸을 태웠으니, 그 광명이 팔십억 항하의

모래알처럼 무량한 세계들을 빠짐없이 환하게 비추었느니라. 이윽고 그 세계들 가운데 계신 모든 부처님들께서 동시에 칭찬하시며 말씀하시되,

'장하고, 장하도다! 선남자여!

이것이야말로 참 정진이며, 이것이 진정 부처님께 법공양하는 것이로다. 설사 꽃과 향·영락·사르는 향·가루향·바르는 향·하늘나라 비단으로 된 깃발과 일산, 그리고 수미산 부근의 바다 이남에서 나는 값비싼 전단향 등 이와 같은 여러 가지 온갖 물픔들로써 공양한다 하더라도 이보다 더 나을 수는 없도다. 가령 국가나 도시 심지어 처자식까지 보시한다 할지라도 역시 이보다 더 좋을

수는 없도다.

선남자여! 그리하여 이것을 제일 뛰어난 보시라 하나니, 모든 보시들 중에서 가장 존귀하고 최고 으뜸이니라. 이것은 법으로써 모든 여래께 공양하기 때문이니라.'

이렇게 말씀하신 뒤 부처님들께서는 각각 말없이 침묵하셨으며, 일체중생희견보살의 몸은 천이백 년 동안 불탄 다음에야 꺼졌느니라.

일체중생희견보살은 이와 같이 법공양으로 목숨을 마친 다음 또다시 일월정명덕 부처님 나라에 태어났느니라. 곧 그 나라의 정덕왕 집안에 가부좌를 맺은 채 홀연히 화생하였는데, 태어나자마자 그 아버지를 위하여 게송으로 말씀드렸느니라.

'대왕은 이제 마땅히 통촉하소서!
제가 저 부처님 계신 데서
경행하며 정진하여
일체현제신삼매를 얻었나니,

부지런히 크게 정진하면서
아끼던 몸마저 버리어
세존께 공양 올렸던 것은
위없이 높은 지혜를 구하기 위해서였나이다.'

이 게송을 설하고 나서 아버지께 말씀드리기를,

'일월정명덕 부처님께서는 지금도 여전히 세상에 계십니다. 예전에 저는 그 부처님께 공양드린 뒤 해일체중생어언다라니를 얻었습니다. 뿐만 아니라 법화경의 팔백천만억 나유타·견가라·빈바라·아촉바 등 수많은 게송들을 듣게 되었습니다. 그러니 대왕이시여, 저는 이제 그 부처님께 돌아가 다시 한 번 더 공양 올리겠나이다.'

이렇게 말씀드리고는 곧장 칠보로 만든 좌대에 앉아 허공으로 솟구치니, 다라수 나무의 일곱 배나 되도록 높이 올라갔느니라. 이윽고 부처님 계신 곳에 이르러 머리를 숙이고 부처님 발에 절하며, 열 손가락을 가지런히 모아 합장한 채 게송으로써 부처님을 찬탄하였느니라.

'부처님 용안 매우 아름다우시며
부처님 광명 시방세계를 환히 비추시거늘,
옛날 옛적에도 제가 공양 올렸었는데
지금 환생하여 다시 친견하게 되었나이다.'

그때 일체중생희견보살은 이 게송을 마치고 부처님께 사뢰기를,

'오, 세존이시여! 세존께서 아직 세상에 계시다니…. 정말 감격스럽기 그지없습니다.'

그때 일월정명덕 부처님께서 일체중생희견보살에게 이르시었느니라.

'선남자여! 내 열반할 때가 이르렀도다. 드디어 멸도할 때가 되었으니, 그대는 누울

자리를 좀 마련해다오. 내 오늘밤에 마땅히 열반에 들리라.'

그리고 또 일체중생희견보살에게 분부하시기를,

'선남자여! 내 그대에게 불법을 부촉하노라. 그리고 모든 보살들과 큰 성문제자들, 아울러 아뇩다라삼먁삼보리법을 그대에게 맡기노라. 또한 삼천대천세계의 칠보로 된 세계들과 여러 보배나무들과 보배좌대들, 그리고 나를 시봉하던 모든 천신들까지 전부 그대에게 부탁하노라. 또한 내가 열반한 뒤에 나올 사리도 그대에게 일임하노니, 마땅히 널리 유포시켜 공양하되 응당 수천 기의 사리탑을 세우도록 하여라.'

이와 같이 일월정명덕 부처님께서는 일체중생희견보살에게 분부를 다 마치시고 그날 밤 한밤중에 조용히 열반하셨느니라.

그때 일체중생희견보살은 부처님께서 열반하신 것을 보고 몹시 슬퍼하며 비감에 젖었느니라. 그렇지만 부처님을 깊이 사모하기에 곧 수미산 부근의 바다 이남에서 나는 귀한 전단나무로 장작더미를 쌓아 부처님 몸에 공양하고 다비하였느니라. 불이 꺼진 다음에는 사리를 거두어서, 팔만 사천 개의 보배병을 만들어 부처님 사리를 모셨느니라. 그리하여 팔만 사천 개의 사리탑을 세웠는데, 높이가 무려 범천의 세 하늘나라세계에까지 닿았느니라. 모든 사리탑마다 찰간을 높이 세워 장엄하였고, 각종 깃발과 일산들을 드리웠으며 보배풍경들을 수없이 매달았느니라.

그때 일체중생희견보살이 다시 스스로 생각하되,

'내가 비록 이렇게 공양을 하기는 했으나, 마음에 아직 흡족하지 않도다. 내 이제 마땅히 다시 사리에 공양 올려야겠다!'

이윽고 모든 보살들과 큰 성문제자들 그리고 하늘천신·용·야차 등 일체 대중들에게 말하기를,

'그대들도 마땅히 일심으로 사리에 공양할 것을 염원하십시오.

내 지금 일월정명덕 부처님의 사리에 공양

하겠습니다!'

그 말을 마치자마자 부처님의 팔만 사천 사리탑 앞에서 백 가지 복으로 장엄된 자기 팔을 직접 태우는데, 무려 칠만 이천 년 동안이나 태워서 공양하였느니라. 그래서 성문을 구하는 무수한 대중들과 한량없는 아승기의 수많은 사람들로 하여금 아뇩다라삼먁삼보리를 구하려는 마음을 내게 하였느니라. 그뿐만 아니라 그들도 전부 현일체색신삼매에 머물게 하였느니라.

그때 보살들과 하늘천신·사람·아수라 등 전부가 그의 팔이 불타 없어진 것을 보고는 걱정하며 슬픔에 젖어 말하되,

'이 일체중생희견보살님은 우리들의 스승

으로서 우리를 교화하시는 분이신데, 이제 팔을 태워서 불구가 되어버리셨으니 어쩌면 좋단 말인가!'

그러자 이때 일체중생희견보살이 대중 가운데에서 맹세하기를,

'내가 두 팔을 버렸으나, 앞으로 반드시 부처님의 황금빛 몸을 얻을 것이니라. 만약 이 말이 사실이고 거짓이 아니라면 내 두 팔이 원래대로 되리라!'

이렇게 서원을 하자 없어졌던 두 팔이 저절로 회복되었느니라. 이는 보살의 복덕과 지혜가 지극히 순박하고 두터웠기 때문에 가능했던 것이니라. 그때에 삼천대천 온 세계는 여섯 가지로 진동하며 움직였고,

하늘에서는 아름다운 보배꽃비가 내렸느니라. 그리하여 일체 하늘나라 천신들과 사람들은 일찍이 없던 희유함을 느꼈느니라."

부처님께서 수왕화보살에게 계속 이르시었다.

"그대는 어떻게 생각하는가? 일체중생희견보살이 어찌 다른 사람이겠는가? 바로 지금 약왕보살이 그 보살이었느니라. 약왕보살은 이와 같이 한량없는 백천만억 나유타 수만큼 수차례씩 자기 몸을 버려 보시하였느니라.

수왕화보살이여!

만일 어떤 이가 발심하여 아뇩다라삼먁삼

보리를 얻고자 한다면, 능히 손가락을 태우거나 하다못해 발가락 하나라도 태워 부처님 탑에 공양해야 하느니라. 이러한 보시는 국가나 도시 혹은 처자식 그리고 삼천대천 온 세계의 산·숲·강·연못이나 모든 진귀한 보물들로써 공양하는 것보다 훨씬 수승하니라.

만일 또 어떤 사람이 삼천대천 온 세계에 가득 찰 만큼 많은 칠보로써 부처님과 대보살·벽지불·아라한에게 공양하였다고 하자. 그렇더라도 그가 얻는 공덕은 이 법화경을 수지한 공덕에는 턱없이 부족하나니, 심지어 경전의 사구게 한 게송만 간직하더라도 훨씬 더 많은 공덕을 얻게 되느니라.

수왕화보살이여!

예를 들어 모든 시내와 개천과 강물 등 여러 물 가운데 바다가 제일 크듯이, 이 법화경도 그와 마찬가지로 모든 여래께서 말씀하신 경전들 중에서 가장 최고로 깊고 위대하니라. 또 토산·흑산·소철위산·대철위산 그리고 열 가지 보배산 등 여러 산들 중에서 수미산이 제일 높듯이, 이 법화경도 또한 그와 같이 모든 경전들 중에서 가장 높으니라. 다시 모든 별 가운데 달이 가장 밝게 빛나듯이, 이 법화경도 그와 마찬가지로 천만억 종류의 수많은 경법 중에서 제일 밝게 빛나느니라. 또 태양이 능히 모든 어두움을 몰아내듯이, 이 경도 또한 그와 같이 좋지 못한 일체 어두움을 파괴할 수 있느니라. 또 모든 작은 왕들 가운데 전륜성왕이 제일 존엄스럽듯이, 이 경도 그와 마찬가지로 여러 경전들 중에서 가장 존귀하니라.

또 제석천왕이 삼십삼천 가운데 왕인 것처럼, 이 경도 그와 마찬가지로 모든 경전들 가운데 왕이니라. 더욱이 대범천왕이 일체 중생들의 아버지인 것처럼, 이 경도 또한 그와 같이 모든 현자들과 성자들, 곧 유학인과 무학인 그리고 보살 마음을 낸 모든 사람들의 아버지이니라. 또 일체 범부들 가운데 수다원·사다함·아나함·아라한·벽지불이 제일인 것처럼, 이 경도 그와 마찬가지로 일체 여래나 보살 혹은 성문이 설한 모든 경법들 중에서 가장 제일이니라. 따라서 이 경전을 받아 지니는 사람도 그와 같이 일체 중생들 중에서 제일이니라. 일체 성문과 벽지불 등 부처님 제자 가운데 보살이 제일이듯이, 이 경도 그와 마찬가지로 일체 여러 경법들 중에서 가장 제일이니라. 다시 말해 부처님께서 모든 법의 왕인 것처럼, 이 경도 또한 그와 같이 모든 경전들 중에서 왕이니라.

수왕화보살이여!

이 법화경은 능히 일체 중생들을 구원할 수 있으며, 일체 중생들로 하여금 모든 괴로움을 벗어나게 할 수 있느니라. 이 경은 능히 일체 중생들을 크게 이익되게 하고 그 소원을 만족시켜 주나니, 마치 맑고 시원한 못이 목마른 자들을 모두 충족시켜 주는 것과 같으니라. 또 추위에 떠는 자가 따뜻한 불을 얻은 경우와 같고, 벌거벗은 자가 옷을 얻은 것과도 같으니라. 장사하는 사람이 물주를 얻은 것과 같을 뿐더러, 어린아이가 어머니를 찾은 것과도 매한가지니라. 또 강물을 건너려는데 배를 얻은 것과 같고, 병자가 의원을 만난 것과 같으며, 어둠 속에서 등불을 찾은 것과도 다름없느니라. 뿐만 아니라 가난한 이가 보배를 발견한 경우와 같고, 백성이 훌륭한 지도자를 만난 것과 마찬가지이며, 무역하는 상인이 바다를 만난 것과 같고, 횃불이 어둠을 없애는 것과 진배없느니라. 이 법화경도 그와 마찬가지로, 능히 중생들로 하여금 온갖 괴로움과 모든 질병들을 낫게 하고 일체 생사의 속박에서 벗어나게 하느니라.

그리하여 만약 어떤 사람이 이 법화경을 듣고 직접 쓰거나 남을 시켜서 쓰게 한다면, 그가 얻는 공덕은 부처님의 지혜로 수량을 헤아리더라도 그 끝을 알 수 없을 정도로 많으니라. 더욱이 이 경을 쓰고는 꽃과 향·영락·사르는 향·가루향·바르는 향·깃발·일산·의복, 그리고 각종 등불인 소등·유등과 여러 향유등에 속하는 첨복유등·수만나유등·바라라유등·바리사가유등·나바마리유등의 온갖 등불들로 공양한다면 얻는 공덕이 또한 이루 헤아릴 수 없이 많으리라.

수왕화보살이여, 만약 누군가 이 〈약왕보

살본사품〉을 듣는다면 그 또한 한량없고 끝없는 공덕을 얻으리라. 만약 어떤 여인이 〈약왕보살본사품〉을 듣고 능히 받아 지닌다면, 여자 몸을 마친 뒤에 다시는 여자로 태어나지 않으리라. 만약 여래가 열반에 들고 나서 마지막 오백 년의 말법 세상 중에 어떤 여인이든 이 경전을 듣고 경의 말씀대로 수행한다면, 여기 이 세상에서 목숨을 마친 다음에는 곧 안락세계에 가서 태어나리라. 그 세계는 아미타 부처님께서 대보살들에게 빙 둘러싸여 계신 곳으로, 그 여인은 연꽃 속의 보배자리 위에 다소곳이 태어나리라. 그리하여 더 이상 탐욕으로 인해 괴로움을 당하거나, 성냄과 어리석음으로 몸부림치며 아파

하는 일이 없으리라. 뿐만 아니라 다시는 교만과 질투 등 여러 번뇌들에 의해 상처 입지 않으리라. 도리어 극락세계에 태어나자마자 보살의 신통력을 얻고 무생법인을 체득하게 되리라. 이 진리를 깨닫고 나면 눈이 청정해지리니, 청정해진 눈으로써 칠백만이천억 나유타 항하의 모래알처럼 무수히 많은 부처님 여래를 친견하리라. 그 순간 저 멀리 모든 부처님들께서 일제히 그를 칭찬하여 말씀하시리니,

'착하고 착하도다, 선남자여!

그대가 석가모니 부처님 법 가운데에서 법화경을 수지하여 읽고 외우고 깊이 생각해서 남을 위해 설명해주고 얻은 복덕은 한량없

고 끝이 없어서, 불로도 태울 수 없고 물로도 쓸어버릴 수 없느니라. 그대의 공덕은 천 분의 부처님들께서 모두 함께 말씀하신다 해도 능히 다 말씀하실 수 없을 정도니라. 지금 그대는 이미 모든 마군들을 물리친 것이며 생사번뇌의 군대를 모조리 근절시킨 것이고, 그 밖의 다른 원수와 적군들마저 남김없이 전멸시킨 셈이니라.

선남자여! 백천 분의 부처님들께서 모두 신통력으로 일제히 그대를 수호하시리니, 일체 세간의 하늘천신과 사람 가운데에서 어느 누구도 그대와 견줄 만한 자가 없으리라. 오직 여래를 제외하고는, 모든 성문과 벽지불 심지어 보살의 지혜와 선정으로도

그대와 견줄 만한 이는 아무도 없으리라.'

수왕화보살이여, 이 경전 말씀대로 수행하는 보살은 이와 같은 공덕과 지혜의 힘을 성취하게 되느니라.

만약 누군가 이 〈약왕보살본사품〉을 듣고 능히 따라 기뻐하며 찬탄한다면, 그 사람은 현세에서부터 당장 입에서는 항상 청련화의 맑은 향기가 나오게 되리라. 그리고 몸의 털구멍에서는 늘 우두전단의 그윽한 향내가 풍겨나오리니, 그의 공덕은 방금 위에서 말한 대로 한량없으리라.

그러므로 수왕화보살이여!

이 〈약왕보살본사품〉을 그대에게 부촉하노니, 내 열반한 뒤 마지막 오백 년의 말법

세상 동안에도 널리 사바세계에 유포시켜 소실되지 않도록 하여라. 그리하여 악마와 그의 권속들·여러 하늘천신·용·야차·구반다귀신 따위들이 감히 틈을 타지 못하게 하여라.

수왕화보살이여, 그대는 마땅히 신통력으로써 이 경을 수호해야 하느니라. 왜냐하면 이 경은 사바세계 사람들의 병에 좋은 약이 되기 때문이니라. 만일 어떤 사람이 병에 걸렸다가도 이 경을 듣게 되면, 병이 곧 사라질 뿐만 아니라 늙지도 않고 죽지도 않으리라.

수왕화보살이여! 그대가 만약 이 경을 수지하는 사람을 보거든, 마땅히 청련화에 고운 향가루를 가득 채워서 그 사람 머리 위에다 뿌리며 공양하도록 하여라. 그리고 다

뿌린 다음에는 속으로 이렇게 생각하여라.

'이 사람은 머지않아 반드시 풀을 깔고 도량에 앉아 모든 마군들을 조복하리라. 그리고는 마땅히 법소라를 불며 큰 법고를 쳐서, 모든 중생들을 생로병사의 깊은 바다로부터 건져내리라.'

따라서 불도를 구하는 자는 법화경 수지하는 사람을 보게 되면 응당 이와 같이 공경하는 마음을 내어야 하느니라."

부처님께서 이 〈약왕보살본사품〉을 설하셨을 때에 팔만사천 보살들이 해일체중생어언다라니를 얻었다.

다보여래께서도 보배탑 속에서 수왕화보

살을 칭찬하셨다.

"장하고 장하도다, 수왕화보살이여!

그대는 불가사의한 큰 공덕을 성취하였도다. 이렇게 큰일을 석가모니 부처님께 여쭈어서, 한량없는 일체 중생들을 이롭게 하였으니 참으로 기특하도다!"

제24 묘음보살품

그때 석가모니 부처님께서 대인의 특징 가운데 하나인 육계로부터 찬란한 광명을 비추시었다. 그리고 미간의 백호상에서도 광명을 놓아, 동방으로 백팔만억 나유타 항하의 모래알처럼 많은 부처님 세계들을 빠짐없이 밝게 비추시었다.

그 수없이 많은 세계들을 지나서 정광장엄이라 부르는 세계가 있는데, 그 세계에 한 부처님께서 계셨다. 부처님 이름은 정화수왕지여래·응공·정변지·명행족·선서·세간해·무상사·조어장부·천인사·불세존이셨다. 그 부처님께서는 한량없고 끝없는 보살대중들에게 공경히 둘러싸여 계시며 그들을 위해 설법하고 계셨는데, 석가모니 부처님의 백호에서 나온 찬란한 광명이 정광장엄세계에까지 환히 비추었다.

그때 정광장엄세계에 한 보살이 있었으니, 이름을 묘음보살이라 하였다. 그 보살은 아주 오래 전부터 많은 선근을 심었으며, 한량없는 백천만억 부처님들을 공양하고 가까이 모셨다. 그래서 깊은 지혜를 성취하였고, 묘당상삼매·법화삼매·정덕삼매·수왕희삼매·무연

삼매·지인삼매·해일체중생어언삼매·집일체공덕삼매·청정삼매·신통유희삼매·혜거삼매·장엄왕삼매·정광명삼매·정장삼매·불공삼매·일선삼매 등 이와 같이 백천만억 항하 모래알처럼 많은 큰 삼매들을 얻었다.

이윽고 석가모니 부처님의 광명이 묘음보살의 몸을 환히 비추자, 묘음보살이 곧 정화수왕지 부처님께 사뢰었다.

"세존이시여!

제가 마땅히 사바세계로 가서 석가모니 부처님께 예배드리고 가까이 모시며 공양드려야겠습니다. 그리고 문수사리 법왕자보살·약왕보살·용시보살·수왕화보살·상행의보살·장엄왕보살·약상보살을 만나봐야겠습니다."

그때 정화수왕지 부처님께서 묘음보살에게 이르시었다.

"그대는 혹시라도 사바세계를 가벼이 업신여겨 하열하게 생각해서는 안 되느니라.

선남자여! 사실 저 사바세계는 높낮이가 있어 평탄치 못하고, 흙과 돌로 된 여러 산들과 더러운 분뇨들로 가득 차 있느니라. 게다가 부처님 몸도 작고, 여러 보살들도 그 형상이 왜소하니라. 그런데 그대의 몸은 사만이천 유순이나 되며, 나의 몸도 무려 육백팔십만 유순이나 되느니라. 또한 그대의 몸은 단정하기가 으뜸인 데다, 백천만 가지의 복덕과 광명으로 뛰어나게 훌륭하도다. 그렇더라도 그대는 거기 가서 사바세계를 형편없다고 여기며, 행여 부처님이나 보살들 그리고 국토에 대하여 하열하게 생각해서는 절대로 안 되느니라."

묘음보살이 정화수왕지 부처님께 사뢰었다.

"세존이시여! 제가 지금 사바세계에 가는 것은 모두 여래의 위신력 덕분이옵니다. 또 여래의 신통력으로 다니는 것이고, 여래의 공덕과 지혜로 장엄하여 가는 것이옵니다."

이윽고 묘음보살은 그 자리에서 일어나지 않고 몸을 움직이지 않은 채 삼매에 들어갔다. 삼매의 힘으로써 영취산의 부처님 법좌 앞에다 팔만사천 송이의 온갖 보배연꽃을 피웠다. 그 꽃의 줄기는 염부단금이며 꽃잎은 백은이고, 꽃술은 다이아몬드이며 연심은 견숙가보석으로 된 연꽃이었다.

그때 문수사리 법왕자 보살이 그 빛나는 연꽃들을 보고 부처님께 사뢰었다.

"세존이시여, 대체 무슨 인연으로 이런 상서가 먼저 나타나는 것이옵니까? 수없이 많은 천만 송이의 연꽃들이 줄기는 염부단금이고 꽃잎은 백은이며, 게다가 꽃술은 다이아몬드요 연심은 견숙가보석으로 너무나 황홀하게 피었나이다!"

그때 석가모니 부처님께서 문수사리보살에게 이르시었다.

"바로 묘음 보살마하살이 팔만사천 보살들에게 둘러싸여 정화수왕지 부처님 세계로부터 사바세계로 와서, 나를 공양하고 가까이 섬기며 예배하려는 것이니라. 또한 법화경에도 공양하고 직접 들으려는 것이니라."

문수사리보살이 부처님께 사뢰었다.

"세존이시여! 그 보살은 어떤 선근을 심었으며 어떤 공덕을 닦았기에, 저런 큰 신통력을 갖춘 것입니까? 도대체 어떤 삼매를 수행하였나이까? 부디 저희들을 위하여 그 삼매의 이름을 말씀해 주시옵소서! 저희들도 또한 그 삼매를 부지런히 수행하고자 하오니, 그 삼매를 닦아야만 그 보살의 형상·모습·크기·위엄 있는 행동거지 등을 사실 그대로 볼 수 있지 않겠습니까? 오직 원하옵건대 세존이시여, 신통력으로써 그 보살을 오게 하시어 저희들로 하여금 보게 해주시옵소서!"

그때 석가모니 부처님께서 문수사리보살에게 이르시었다.

"여기 오래 전에 열반하셨던 다보여래께서 마땅히 그대들을 위하여 묘음보살의 모습을 보게 해주시리라."

그러자 다보 부처님께서 묘음보살에게 이르시었다.

"선남자여, 어서 오너라! 문수사리 법왕자가 그대를 만나보고 싶다 하는구나."

동시에 묘음보살이 정광장엄세계를 떠나 팔만사천 보살들과 함께 사바세계로 오는데, 지나치는 세계들이 전부 여섯 가지로 진동하며 움직였다. 게다가 그 모든 세계들마다 칠보로 된 찬란한 연꽃송이들이 꽃비가 되어 하염없이 흩날렸으며, 백천 가지나 되는 하늘악기들이 치지 않았는데도 저절로 울려 퍼졌다.

묘음보살은 커다란 푸른 연꽃잎 같은 눈에다 백천만 개의 달을 합친 것보다 더 환하고 단정한 얼굴을 하고 있었다. 몸은 순금의 황금색에 한량없는 백천 가지 공덕으로 장엄되었고, 위엄과 덕은 하늘을 찌를 듯이 높았으며 광명으로 찬란했다. 이렇게 모든 상호가 구족하여 마치 나라연의 견고한 몸과도 같았다.

묘음보살이 칠보로 만든 좌대에 올라 허공

으로 솟구치니, 땅과의 거리가 자그마치 다라수 나무의 일곱 배나 되었다. 묘음보살은 모든 보살들에게 공손히 둘러싸인 채 사바세계의 영취산에 이르렀다. 도착해서는 칠보로 된 좌대에서 내리어, 값이 백천만 냥이나 되는 보배영락을 가지고 석가모니 부처님 계신 곳으로 나아갔다. 그리고 머리를 숙여 부처님 발에 절하며 영락을 받들어 올리고는 부처님께 사뢰었다.

"세존이시여!

정화수왕지 부처님께서 석가세존께 문안하시기를,

'병도 없고 걱정도 없으시며, 기거하시는데 편안하고 안락하게 지내시옵니까? 사대는 고르고 화평하십니까? 세상일은 견딜 만하시옵니까? 중생들은 잘 제도되는지요? 혹 탐욕·성냄·어리석음과 질투와 인색함 또는 교만함에 들끓지는 않습니까? 부모에게 불효하고 사문을 공경하지 않는다거나, 삿된 소견이나 나쁜 마음을 내는 이는 없습니까? 그리고 다섯 가지 욕정을 잘 거두어들입니까? 게다가 세존이시여, 중생들이 능히 모든 마군과 원적들을 항복시킬 수 있습니까? 또 오래 전에 열반하신 다보여래께서는 칠보탑 속에 계시면서, 정말 법을 듣기 위해 오십니까?'

또 정화수왕지 부처님께서 다보여래께도 안부를 여쭈셨나이다.

'불편하지 않고 편안하시며 혹 근심거리는 없으십니까?

사바세계에 오래 머무셔도 괜찮으십니까?'

세존이시여, 저는 지금 몹시 다보 부처님이 뵙고 싶습니다. 세존이시여, 부디 저로 하여금 다보 부처님을 뵈올 수 있도록 해 주시옵소서!."

그때 석가모니 부처님께서 다보 부처님께 말씀하셨다.

"이 묘음보살이 다보 부처님을 뵙고 싶다 하는군요."

그러자 다보 부처님께서 묘음보살에게 이르시었다.

"훌륭하고, 훌륭하도다! 그대가 능히 석가모니 부처님께 공양하고 법화경을 들으며, 문수사리보살 등을 보기 위해 일부러 이곳까지 오다니 참으로 장하도다!"

그때 화덕보살이 석가모니 부처님께 사뢰었다.

"세존이시여! 이 묘음보살은 도대체 어떤 선근을 심었으며, 어떤 공덕을 닦았기에 이러한 신통력을 갖추게 된 것입니까?"

부처님께서 화덕보살에게 이르시었다.

"과거에 어느 부처님께서 계셨으니, 부처님 이름은 운뢰음왕 다타아가도(여래)·아라하(응공)·삼막삼불타(정변지)이셨느니라. 세계의 이름은 현일체세간이었으며, 시대의 이름은 희견이었느니라.

묘음보살은 만이천 년 동안이나 십만 가지의 각종 악기들을 가지고 연주하여 운뢰음왕 부처님께 공양하였고, 아울러 칠보로 된 팔만사천 개의 발우를 공손히 공양 올렸느니라. 그 인연의 과보로써 지금 정화수왕지 부처님 세계에 태어나서 이러한 신통력을 갖추게 되었느니라.

화덕보살이여, 그대는 어떻게 생각하는가? 그때 운뢰음왕 부처님 처소에서 악기를 연주해 공양하고 보배발우를 공손히 올렸던 보살이 어찌 다른 사람이겠는가? 지금의 묘음보살마하살이 바로 그 옛날의 묘음보살이었느니라.

화덕보살이여! 이 묘음보살은 일찍이 한량없는 모든 부처님들을 공양하였고 가까이 모셨느니라. 그래서 오랫동안 복덕의 근본을 심었으며, 또 항하의 모래알처럼 무수히 많은 백천만억 나유타 부처님들을 친견하였느니라.

화덕보살이여!

그대는 다만 묘음보살의 몸이 여기에 있는 줄로만 생각하겠지만, 사실은 갖가지 몸을 나타내며 곳곳에서 많은 중생들을 위하여 이 경전을 설하고 있느니라. 그리하여 혹 어떤 때는 범천왕의 몸이나 제석천왕의 몸을 나타내며, 자재천왕이나 대자재천왕의 몸을 나타내느니라. 혹은 천대장군·비사문천왕·

전륜성왕의 몸을 나타내기도 하고, 여러 작은 왕들의 몸을 나타내기도 하느니라. 혹은 장자나 거사·재상·바라문의 몸을 나타내며, 때로는 비구·비구니·우바새·우바이의 몸을 나타내느니라. 또 장자와 거사의 부인이나 재상과 바라문의 귀부인으로 나타나기도 하며, 가끔은 어린 동자와 동녀의 모습으로 나타나기도 하느니라. 더욱이 어떤 때는 하늘천신·용·야차·건달바·아수라·가루라·긴나라·마후라가 같이 사람인 듯하면서 아닌 이들의 몸으로 나타나서 이 경을 설하기도 하느니라.

그리하여 모든 지옥·아귀·축생과 여러 어려운 곳에 있는 중생들까지도 다 능히 구제하며, 심지어 왕의 후궁에서는 여인의 모습으로 변하여 이 경을 설하느니라.

화덕보살이여, 이 묘음보살은 능히 사바세계의 모든 중생들을 구호하는 분이니라. 묘음보살은 이와 같이 여러 가지로 변화해 나타나 사바세계에 있으면서 온갖 중생 위해 이 경전을 설하건만, 그 신통변화의 능력이나 지혜는 조금도 손상되거나 줄어들지 않느니라. 이 보살은 넓고 큰 지혜로써 사바세계를 밝게 비추어, 일체 중생들로 하여금 각각 알아야 될 내용들을 잘 이해시키느니라. 그리고 항하의 모래알처럼 무수히 많은 시방의 다른 세계들 속에서도 역시 또 그와 같이 교화하느니라.

그리하여 응당 성문의 몸으로써 제도해야 할 자에게는 성문의 몸으로 나타나 설법하고, 벽지불의 몸으로써 제도해야 할 자에게는 벽지불의 몸으로 나타나 설법하느니라. 또 보살의 몸으로써 제도해야 할 자에게는 보살의 몸으로 나타나 설법하며, 부처님의 몸으로써 제도해야 할 자에게는 부처님의 몸으로 나타나 설법하느니라. 이와 같이 여러 가지 제도될 상대에 맞게 형상을 나타내니, 심지어 열반함으로써 제도해야 할 자에게는 기꺼이 열반을 나타내 보여주느니라.

화덕보살이여, 묘음 보살마하살이 큰 신통력과 지혜의 힘을 성취한 배경이 이러하니라."

그때 화덕보살이 부처님께 사뢰었다.

"세존이시여, 그렇다면 이 묘음보살은 정말로 깊은 선근을 심었군요. 그런데 세존이시여! 이 보살은 도대체 어떤 삼매에 머물기에, 이와 같이 있는 곳마다 마음대로 변화해 중생을 제도할 수 있는 것입니까?"

부처님께서 화덕보살에게 이르시었다.

"선남자여, 그 삼매는 현일체색신삼매라 하느니라. 묘음보살은 그 삼매 가운데에 머물러서 능히 이와 같이 무량중생들을 이익되게 하느니라."

부처님께서 이 〈묘음보살품〉을 설하셨을 때에 묘음보살과 함께 온 팔만사천 보살들이 모두 현일체색신삼매를 얻었으며, 여기 사바세계의 한량없는 보살들도 그 삼매와 다라니를 얻었다.

그때 묘음 보살마하살이 석가모니 부처님과 다보 부처님의 보배탑에 공양을 마치고 본토로 돌아가자, 지나치는 세계들이 전부 여섯 가지로 진동하며 움직였다. 또 그 모든 세계들마다 찬란한 보배 연꽃송이들이 꽃비가 되어 하염없이 흩날렸으며, 백천만억의 갖가지 악기들이 울려 퍼졌다.

이윽고 묘음보살이 본국에 도착하매 팔만사천 보살들에게 둘러싸인 채, 정화수왕지 부처님 처소에 같이 나아가 부처님께 사뢰었다.

"세존이시여! 저는 사바세계에 가서 중생

들을 이익되게 하였습니다. 뿐만 아니라 석가모니 부처님도 친견하였고, 다보불탑도 친견해서 예배하고 공양 올렸습니다. 또 문수사리 법왕자보살을 만났고, 약왕보살과 득근정진력보살과 용시보살도 만났습니다. 게다가 함께 갔던 팔만사천 보살들로 하여금 현일체색신삼매를 얻게 하였습니다."

석가모니 부처님께서 묘음보살이 사바세계에 왔다간 품을 설하셨을 때에, 사만이천 명의 하늘천신들이 무생법인을 얻었고 화덕보살은 법화삼매를 얻었다.

제25 관세음보살보문품

그때 무진의보살이 자리에서 일어나, 옷을 정돈하여 오른쪽 어깨를 드러내고 합장한 채 부처님을 향하여 이렇게 말씀드렸다.

"세존이시여, 관세음보살은 무슨 인연으로써 '관세음'이라 부르게 되었습니까?"

부처님께서 무진의보살에게 이르시었다.

"선남자여! 각종 고통에 시달리는 한량없는 백천만억 중생들이 관세음보살에 대해 듣고 일심으로 그 이름을 부른다면, 관세음보살이 즉시 그 음성을 관찰하고 그들을 모두 괴로움에서 벗어나게 하느니라.

관세음보살을 염불하는 사람은 설사 큰 불구덩이 속에 떨어지게 되었더라도 불이 태울 수 없나니, 바로 관세음보살의 위신력을 입었기 때문이니라. 혹 큰물에 떠내려가게 되었더라도 관세음보살의 명호를 부르면 곧 얕은 물가에 닿게 되느니라. 가령 어떤 백천만억 중생들이 금·은·유리·자거·마노·산호·호박·진주 등 여러 보배들을 찾아 큰 바다로 나섰다가, 폭풍이 불어서 그만 나찰귀 나라에 표류하게 되었다고 하자. 그렇더라도 그들 중 하다못해 단 한 명만이라도 관세음보살의 이름을 부르는 이가 있다면, 그 여러 사람들이 전부 나찰의 환난에서 벗어나게 되느니라. 이런 인연으로써 '세상의 소리를 관찰하는 분', 곧 '관세음보살'이라 부르게 되었느니라.

또 어떤 사람이 금방 칼에 찔리게 된 경우라도 관세음보살 이름을 부른다면, 상대방이 잡고 있던 칼이나 막대기가 산산조각 부서져 위기를 모면하게 되느니라. 혹 삼천대천 온 세계에 가득 찬 야차와 나찰들이 사람에게 들러붙어 괴롭히려고 하더라도, 관세음보살 염불하는 소리를 들으면 악귀들이 감히 사악한 눈길로 그 사람을 쳐다보지도 못하거늘 어찌 다시 해칠 수 있겠느냐! 또 어떤 이가 수갑과 형틀·칼·자물쇠에 몸이 꽁꽁 묶였더라도, 관세음보살을 염불한다면 죄가 있든지 없든지 간에 저절로 풀어지고 끊어져서 즉시 풀려나게 되리라.

만일 삼천대천 온 세계에 원수와 도적떼들이 가득 들끓고 있는데, 마침 한 인솔자가 여러 상인들을 데리고 값진 보배를 가득 실은 채 험한 길을 지나간다고 하자. 그 가운데 누군가 큰 소리로 일행들에게 말하기를,

'모든 선남자들이여, 조금도 두려워하지 말라!

너희들은 마땅히 일심으로 관세음보살 이름을 염불하라! 관세음보살님께서는 능히 중생들의 두려움을 없애주시나니, 너희들이

만약 관세음보살 이름을 부른다면 이 도적떼로부터 틀림없이 안전하게 벗어나리라!'

여러 상인들이 그 말을 듣고는 일제히 소리를 내어 '나무관세음보살… 관세음보살…' 염불한다면, 이렇게 관세음보살을 부른 까닭에 상인들은 무사히 도적떼로부터 구출되리라. 무진의보살이여, 관세음 보살마하살의 위신력은 이렇게 어마어마하느니라.

만약 어떤 중생이 음욕이 많을지라도 항상 관세음보살을 생각하고 공경한다면 곧 음욕을 여의게 되느니라. 혹 성내는 마음이 많더라도 항상 관세음보살을 생각하고 공경한다면 성내는 마음이 사라지며, 어리석은 마음이 많더라도 항상 관세음보살을 생각하고 공경한다면 어리석은 마음이 사라지느니라.

무진의보살이여!

관세음보살은 이와 같이 큰 위신력을 갖추고 크게 중생들을 이롭게 하느니라. 그러므로 중생들은 마음속으로 항상 관세음보살을 생각해야 하느니라.

만약 어떤 여인이 아들을 낳고자 관세음보살께 예배하고 공양한다면 복덕과 지혜를 겸비한 아들을 낳게 되리라. 혹 딸을 낳기 원한다면 단정하고 어여쁜 딸을 낳되, 전생에 심은 공덕이 많아서 여러 사람들의 사랑과 공경을 받게 되리라.

무진의보살이여, 관세음보살은 이와 같이 위대한 능력을 갖추었느니라. 어떤 중생이든 관세음보살을 공경하고 예배한다면 그 복이 결코 헛되지 않나니, 따라서 모든 중생들은 관세음보살을 염불해야 하느니라.

무진의보살이여!

만약 어떤 사람이 육십이억 항하의 모래알처럼 수많은 보살들의 이름을 염불하고, 게다가 목숨이 다할 때까지 음식·의복·침구·약품 등을 공양한다면 그대 생각에는 어떠한가? 그 선남자 선여인에게 얼마나 많은 공덕이 있겠느냐?"

무진의보살이 대답하였다.

"공덕이 매우 많을 것이옵니다. 세존이시여!"

부처님께서 말씀하셨다.

"그런데 또 어떤 사람이 관세음보살 이름을 염불하되 하다못해 잠깐만이라도 예배하고 공양한다면, 두 사람의 복이 똑같아서 백천만억 겁이 흘러도 결코 다하지 않으리라. 무진의보살이여, 관세음보살 이름을 늘 염불하면 이와 같이 한량없고 그지없는 복덕의 이익을 얻게 되느니라."

무진의보살이 부처님께 사뢰었다.

"세존이시여! 관세음보살은 어떤 식으로 이 사바세계를 자유로이 오가며, 중생들을 위하여 어떻게 설법합니까? 또 방편의 능력은 어느 정도입니까?"

부처님께서 무진의보살에게 이르시었다.

"선남자여! 어떤 국토의 중생이든 응당 부

처님 몸으로써 제도해야 할 자에게는 관세음 보살이 곧 부처님 몸으로 나타나 설법하느니라. 혹 벽지불 몸으로써 제도해야 할 자에게는 즉시 벽지불 몸으로 나타나 설법하며, 성문의 몸으로써 제도해야 할 자에게는 성문의 몸으로 나타나 설법하느니라. 또한 범천왕 몸으로써 제도해야 할 자에게는 바로 범천왕 몸으로 나타나 설법하고, 제석천왕 몸으로써 제도해야 할 자에게는 제석천왕 몸으로 나타나 설법하느니라. 아울러 자재천왕 몸으로써 제도해야 할 자에게는 얼른 자재천왕 몸으로 나타나 설법하며, 대자재천왕 몸으로써 제도해야 할 자에게는 대자재천왕 몸으로 나타나 설법하느니라. 그리고 천대장군 몸으로써 제도해야 할 자에게는 천대장군 몸으로 나타나 설법하고, 비사문천왕 몸으로써 제도해야 할 자에게는 비사문천왕 몸으로 나타나 설법하느니라.

더욱이 작은 왕의 몸으로써 제도해야 할 자에게는 즉시 작은 왕의 몸으로 나타나 설법하고, 재벌장자의 몸으로써 제도해야 할 자에게는 재벌장자의 몸으로 나타나 설법하며, 거사의 몸으로써 제도해야 할 자에게는 거사의 몸으로 나타나 설법하느니라. 그리고 재상의 몸으로써 제도해야 할 자에게는 곧 재상의 몸으로 나타나 설법하며, 바라문의 몸으로써 제도해야 할 자에게는 바라문의 몸으로 나타나 설법하느니라. 또한 비구·비구니·우바새·우바이 몸으로써 제도해야 할 자에게는 즉각 비구·비구니·우바새·우바이 몸으로 나타나 설법하느니라. 장자 부인·거사 부인·재상 부인·바라문 부인의 몸으로써 제도해야 할 자에게는 그 부인들 몸으로 나타나 설법하고, 어린 동자와 동녀의 몸으로써 제도해야 할 자에게는 당장 어린 동자와 동녀의 몸으로 나타나 설법하느니라. 뿐만 아니라 하늘천신·용·야차·건달바·아수라·가루라·긴나라·마후라가 같이 사람인 듯하면서 아닌 이들의 몸으로써 제도해야 할 자에게는 전부 그들 몸으로 나타나 설법하며, 집금강신 몸으로써 제도해야 할 자에게는 집금강신 몸으로 나타나 설법하느니라.

무진의보살이여!

관세음보살은 이와 같이 대단한 공덕을 성취하여, 갖가지 형상으로 많은 국토를 다니면서 중생들을 제도하여 해탈시키느니라. 그러므로 그대들은 응당 한결같은 마음으로 관세음보살께 공양해야 하느니라.

관세음보살마하살은 당장 두렵고 위급한 환난 속에서도 능히 두려움을 없애주나니, 그리하여 이 사바세계에서는 모두 관세음보살을 '두려움을 없애고 평안을 주시는 분'이라 일컫느니라."

무진의보살이 부처님께 사뢰었다.

"세존이시여, 제가 지금 마땅히 관세음보살께 공양하겠나이다."

그리고 얼른 목에 걸었던 온갖 보배구슬로 된 백천 냥짜리 값비싼 영락을 끌러서 관세음보살에게 바치며 말하였다.

"어지신 분이시여! 법공양으로 드리는 이 보배영락을 받아주소서!"

당시 관세음보살이 받지 않고 사양하자, 무진의보살이 한 번 더 관세음보살에게 말하였다.

"어지신 분이시여! 저희들을 불쌍히 생각하셔서라도, 제발 이 영락을 받아주소서!"

그때 부처님께서 관세음보살에게 이르시었다.

"그대는 마땅히 이 무진의보살과 사부대중들 그리고 하늘천신·용·야차와 건달바·아수라·가루라·긴나라·마후라가 같이 사람인 듯하면서 아닌 이들 모두를 불쌍히 생각해서라도 그 영락을 받도록 하라!"

그러자 즉시 관세음보살은 여러 사부대중과 하늘천신·용과 그 밖의 사람인 듯하면서 아닌 이들 모두를 불쌍히 생각하여 그 영락을 받았다. 이윽고 영락을 두 몫으로 나누더니 한 몫은 석가모니 부처님께 올리고, 다른 한 몫은 다보 부처님의 탑에 공양 올렸다.

"무진의보살이여! 관세음보살은 이와 같이 자유자재한 신통력을 갖추고, 사바세계를 자유로이 오가며 제도하느니라."

그때 무진의보살이 게송으로 여쭈었다.

"아름답고 미묘한 상호를 구족하신 세존이시여!
제가 지금 다시 한 번 여쭈옵건대,
무슨 인연으로 저 부처님 제자를
관세음이라 부르나이까?"

미묘한 상호 구족하신 세존께옵서
게송으로 무진의보살에게 대답하시되,
"그대는 여러 곳곳마다 감응하는
관음보살의 활동에 대해 새겨들으라.

넓고 큰 서원은 바다처럼 깊나니
헤아릴 수 없도록 오랜 겁 동안
수없이 많은 천억 부처님들 섬기면서
크고 청정한 서원을 세웠느니라.

내 그대 위하여 간략히 말하건대
관음보살의 이름을 듣거나 친견하여
마음으로 오로지 생각하고 잊지 않는다면
인생의 모든 고통을 없앨 수 있느니라.

가령 누군가 해칠 마음먹고 불구덩이로 밀어
느닷없이 떨어지게 되었더라도
관세음보살 위신력을 생각한다면
불구덩이가 연못으로 변하며,

혹 큰 바다에서 표류하다가
용이나 고기·귀신들의 환난을 당해서도
관세음보살 위신력을 생각한다면
파도조차 능히 빠뜨릴 수가 없고,

게다가 수미산 봉우리에서
누군가 밀어 떨어뜨린대도
관세음보살 위신력을 생각한다면
하늘의 해처럼 둥실 떠 있게 되며,

또 악한 사람에게 쫓기어
금강산에서 굴러 떨어지게 되었더라도
관세음보살 위신력을 생각한다면
털끝 하나도 다치지 아니하리라.

흉악한 도적들과 맞닥뜨리게 되어
칼을 뽑아 무섭게 해치려 하더라도
관세음보살 위신력을 생각한다면
도적들 스스로 모두 자비심 내어 살려주고,

국법에 잘못 걸려
사형 당하게 되었더라도
관세음보살 위신력을 생각한다면
내리치는 칼이 그만 산산조각 부러질 것이며,

행여 구속되어 큰칼을 뒤집어쓴 채
손발이 쇠고랑과 형틀에 묶이게 되었더라도
관세음보살 위신력을 생각한다면
속박에서 저절로 시원스레 풀려나게 되고,

누군가 주문을 외워 저주하거나
온갖 독약으로 몸을 해치려 하더라도
관세음보살 위신력을 생각한다면
해악은 도리어 주문 외웠던 자에게로 가며,

포악한 나찰과 독룡 그리고
여러 귀신 따위들과 맞부딪쳐서도
관세음보살 위신력을 생각한다면
어느 것 하나 감히 덤비지 못할 뿐더러,

어쩌다 사나운 맹수들이 둘러싸고
날카로운 이빨과 발톱으로 위협하더라도
관세음보살 위신력을 생각한다면
도망치느라 죄다 꽁지 빠지게 달아나며,

살모사나 뱀·전갈의 무서운 독기가
불꽃처럼 치솟으며 위협하더라도
관세음보살 위신력을 생각한다면
염불소리 따라 제풀에 사라지고,

먹구름이 덮이자 천둥 번개 치며
우박과 큰비가 억수같이 퍼붓더라도
관세음보살 위신력을 생각한다면
삽시간에 흩어져 개이리라.

따라서 중생에게 재난이 닥쳐
한량없는 고통이 엄습하더라도
관세음보살의 탁월한 지혜 힘이
능히 세간의 고통을 구제하나니,

모든 신통력 완전히 갖추고
지혜로운 방편 널리 닦아서
모든 시방세계에
나타나지 못하는 곳이 없어,

여러 갖가지 악도들
지옥 아귀 축생들의
생로병사 모든 고통들마저
점차로 다 없애주느니라.

진실하게 관하며 청정히 관하고
넓고 큰 지혜로 관할 뿐더러
가엾이 보고 인자하게 관하거니
항상 간청드리며 늘 우러러 볼지니라.

티끌 한 점 없이 깨끗한 광명의
태양 같은 지혜가 어두운 미혹을 몰아내고
능히 바람과 불의 재앙까지 굴복시켜
널리 세상을 밝게 비추나니,

대비가 근본인 계행은 천둥치듯 준엄하건만
인자한 마음은 큰 구름같이 미묘하여
감로의 법비를 쏟아 부어서
번뇌의 불꽃을 끄게 하느니라.

송사로 다투는 관청에서나
무섭고 두려운 전쟁터에서도
관세음보살 위신력을 생각한다면
수많은 적군들 죄다 물러가며,

미묘한 음성의 관세음보살은
하늘나라 범천의 음성이며
바다조수 같은 음성으로
어느 세상의 소리보다 뛰어난 음성이거늘,

그러므로 모름지기 항상 관세음보살 생각
하되
한 생각 찰나도 의심하지 말지니
관세음보살은 청정한 성인으로
고뇌와 죽음의 액난 속에서도 의지처가 되
리라.

일체의 공덕을 갖추고
자비한 눈길로 중생을 굽어보아
쌓인 복덕 바다처럼 한량없거늘
그러므로 응당 머리 숙여 예배하여라."

그때 지지보살이 자리에서 일어나 부처님 앞으로 나아가 사뢰었다.

"세존이시여! 만약 어떤 중생이 〈관세음보

살보문품〉의 자재한 활동과 넓은 문으로 출현하는 신통력에 대해 들었다면, 마땅히 그 사람의 공덕도 적지 않게 많은 줄 유념해야 되겠습니다."

부처님께서 〈관세음보살보문품〉을 설하셨을 때에, 대중 가운데 팔만사천 중생들이 모두 비할 바 없이 가장 높고 바르며 평등한 깨달음을 이루고자 마음먹었다.

제26 다라니품

그때 약왕보살이 곧 자리에서 일어나 옷을 정돈하여 오른쪽 어깨를 드러내고 합장한 채 부처님께 사뢰었다.

"세존이시여! 법화경을 받아 지니는 선남자 선여인이 경전을 읽고 외우며 뜻에 통달하거나 경책을 베껴 쓴다면 얼마나 많은 복을 얻게 되나이까?"

부처님께서 약왕보살에게 이르시었다.

"만약 어떤 선남자 선여인이 팔백만억 나유타 항하 모래알처럼 수많은 부처님들께 공양 올린다면 그대는 어떻게 생각하느냐? 그는 과연 얼마나 많은 복을 얻게 되겠느냐?"

"엄청난 복을 얻게 될 것입니다. 세존이시여!"

부처님께서 말씀하셨다.

"그렇지만 만약 선남자 선여인이 능히 이 경을 수지하되, 심지어 사구게로 된 게송 하나만이라도 읽고 외우며 뜻을 알고 설한 대로 수행한다면 훨씬 더 많은 공덕을 얻게 될 것이니라."

그때 약왕보살이 부처님께 사뢰었다.

"세존이시여! 저는 지금 마땅히 설법하는

자에게 다라니주문을 주어 수호하겠나이다."

이윽고 곧 주문을 설하니,

아니 마니 마네 마마네 지레 자리제 샤마 샤리다위 선제 목제 목다리 사리 아위사리 상리 사리 사예 아사예 아기니 선제 샤리 다라니 아로가바사파자비사니 네비제 아변다라네리제 아단다파레수지 구구레 모구레 아라레 파라레 수가차 아삼마삼리 붓다비기리질제 달마파리차제 승가녈구사네 바사바사수지 만다라 만다라사야다 우루다 우루다 교사랴 악사라 악사야다야 아바로 아마야나다야

"세존이시여! 이 다라니 신주는 육십이억 항하의 모래알처럼 수많은 부처님들께서 설하신 것이옵니다. 따라서 만약 누군가 이 법사를 다치게 하거나 비방한다면, 이는 곧 그 모든 부처님들을 다치게 하고 비방한 격이 될 것입니다."

그러자 이때 석가모니 부처님께서 약왕보살을 칭찬하여 말씀하셨다.

"매우 훌륭하도다. 약왕보살이여!

그대가 법사를 어여삐 생각하고 옹호하는 까닭에 다라니를 설하니, 모든 중생들에게 아주 크게 이익되리라."

그때 용시보살이 부처님께 사뢰었다.

"세존이시여! 저도 또한 법화경을 읽고 외우며 수지하는 자를 옹호하기 위하여 다라니를 설하겠나이다. 만약 법사가 이 다라니를 외워 간직한다면, 야차나 나찰·부단나·길자·구반다·아귀 따위가 법사의 단점을 찾아내고자 하더라도 감히 틈을 엿볼 수 없게 될 것입니다."

이윽고 부처님 앞에서 주문을 설하니,

자례 마하자례 욱기 목기 아례 아라바제 녈례제 녈례다바제 이지니 위지니 지지니 녈례지니 녈례지바지

"세존이시여! 이 다라니 신주는 항하의 모

래알처럼 많은 부처님들께서 설하신 것이고, 또한 모두 따라서 기뻐하신 것이옵니다. 그러므로 만약 누군가 이 법사를 다치게 하거나 비방한다면 이는 곧 그 모든 부처님들을 다치게 하고 비방한 바가 될 것입니다."

그때 세상을 수호하는 비사문천왕이 부처님께 사뢰었다.

"세존이시여! 저도 또한 중생들을 불쌍히 여기며, 법사를 옹호하기 위해 다라니를 설하겠나이다."

곧 주문을 설하니,

아리 나리 노나리 아나로 나리 구나리

"세존이시여! 이 신주로써 법사를 옹호할 뿐만 아니라, 또한 저 자신도 직접 법화경 수지하는 자를 옹호하겠나이다. 그래서 그가 머무는 백 유순 영역 안에는 근심이나 재앙 따위가 일절 없도록 하겠나이다."

그때 지국천왕이 그 회상 가운데 있다가 천만억 나유타의 수많은 건달바 무리들에게 공경히 둘러싸인 채, 부처님 계신 데로 나아가 합장하고 부처님께 사뢰었다.

"세존이시여! 저도 다라니 신주로써 법화경 지니는 자를 옹호하겠나이다."

곧 주문을 설하니,

아가네 가네 구리 건다리 전다리 마등기 상구리 부루사니 알디

"세존이시여! 이 다라니 신주는 사십이억의 모든 부처님들께서 설하신 것이옵니다. 따라서 만약 누군가 이 법사를 다치게 하거나 비방한다면, 이는 곧 그 모든 부처님들을 다치게 하고 비방한 셈이 될 것입니다."

그때 회상 가운데 나찰녀들이 있었다. 첫째 나찰녀 이름은 남바요, 둘째는 비남바요, 셋째는 곡치요, 넷째는 화치요, 다섯째는 흑치요, 여섯째는 다발이요, 일곱째는 무염족이요, 여덟째는 지영락이요, 아홉째는 고

제요, 열째는 탈일체중생정기였다. 그 열 명의 나찰녀들이 귀자모와 그의 아들 그리고 여러 권속들과 함께, 모두 부처님 계신 데로 나아가 한 목소리로 부처님께 사뢰었다.

"세존이시여! 저희들도 또한 법화경을 읽고 외우며 수지하는 자를 옹호하여 근심과 재앙이 없도록 하겠나이다. 뿐만 아니라 누군가 법사의 허물을 찾아내려고 한다면 절대로 틈을 얻지 못하게 하겠나이다."

곧 부처님 앞에서 주문을 설하니,

이제리 이제미 이제리 아제리 이제리 니리
니리 니리 니리 니리 루혜 루혜 루혜 루혜
다혜 다혜 다혜 도혜 루혜

"차라리 내 머리 위에 올라타게 할 수는 있을지언정, 법사는 괴롭히지 못하게 하오리다. 그래서 야차·나찰·아귀·부단나·길자·비타라·건타·오마륵가·아발마라·야차길자·인길자 또는 하루나 이틀 사흘 나흘 내지 이레 동안 앓는 열병이든 늘 앓는 열병이든, 혹은 남자 형상이든 여자 형상이든, 어린 동자 형상이든 동녀 형상이든, 그 무엇이든 간에 꿈속에서라도 절대로 법사를 괴롭히지 못하게 하오리다."

이윽고 부처님 앞에서 게송으로 말씀드리기를,

만일 우리 주문에 순종하지 않고

설법자를 괴롭힌다면
아리수 나뭇가지처럼
머리가 일곱 조각으로 쪼개지되,

그 죄는 부모 죽인 죄와
기름 짤 때 속이는 죄
또는 말 저울질로 남을 속인 죄
조달이 화합승단을 깨뜨린 죄와 같아서,

법사를 괴롭히는 자는
마땅히 그런 재앙을 받으오리다.

모든 나찰녀들은 이 게송을 읊고 나서 부처님께 사뢰었다.

"세존이시여! 저희들도 마땅히 이 경을 수

지독송하며 수행하는 법사를 몸으로 직접 옹호하여 안락하게 하겠나이다. 그래서 온갖 근심과 재앙을 입지 않게 하고, 모든 독약도 영향을 미칠 수 없게 하겠나이다."

부처님께서 모든 나찰녀들에게 이르시었다.

"착하고, 착하도다!

너희들이 다만 법화경의 제목만 외우는 자를 옹호한다 해도 복이 한량없을 텐데, 하물며 경전을 완전히 다 수지하는 자를 옹호하는 복이야 얼마나 많겠느냐! 더욱이 경책에 꽃과 향·영락·가루향·바르는 향·사르는 향·깃발과 일산 및 악기를 연주해 공양하고, 소등이나 유등, 그리고 여러 향유등에 속하는 소마나화유등·첨복화유등·바사가화유등·우발라화유등의 각종 등불까지 밝혀서 백천 가지로 공양하는 사람을 옹호하는 복이야 더 말할 것이 있겠느냐! 그러므로 고제야, 너희들과 너희 권속들은 응당 이런 법사들을 잘 옹호하도록 하여라."

부처님께서 이 〈다라니품〉을 설하셨을 때에 육만팔천 사람들이 무생법인을 얻었다.

제27 묘장엄왕본사품

그때 부처님께서 모든 대중들에게 이르시었다.

"지나간 옛적 한량없고 그지없으며 이루 헤아릴 수 없도록 머나먼 아승기 겁 이전에 부처님께서 계셨으니, 운뢰음수왕화지 다타아가도·아라하·삼먁삼불타이셨느니라. 세계의 이름은 광명장엄이었으며, 시대의 이름은 희견이었느니라.

그 부처님 시대에 묘장엄왕과 정덕왕비가

살았느니라. 그들은 슬하에 두 아들을 두었으니, 바로 정장왕자와 정안왕자였느니라. 두 왕자는 큰 신통력과 함께 복덕과 지혜를 구비했으며, 오래 전부터 보살이 닦아야 할 수도에 전념했느니라. 그래서 보시바라밀·지계바라밀·인욕바라밀·정진바라밀·선바라밀·반야바라밀·방편바라밀과 자·비·희·사의 사무량심, 심지어 도 닦는 데 필요한 삼십칠조도품에 이르기까지 다 밝게 깨달아 통달하였느니라. 또 보살의 정삼매와 일성수삼매·정광삼매·정색삼매·정조명삼매·장장엄삼매·대위덕장삼매를 얻어서, 그 모든 삼매에도 환히 통달하였느니라.

그때 운뢰음수왕화지 부처님께서 묘장엄

왕을 인도하시고자, 그리고 중생들을 불쌍히 여기시어 법화경을 설법하셨느니라. 그러자 당시 정장왕자와 정안왕자는 얼른 어머니 방으로 가서 열 손가락을 가지런히 모아 합장하며 말하기를,

'어머니! 어서 운뢰음수왕화지 부처님 계신 곳으로 가세요. 저희들도 또한 마땅히 모시고 따라가서 가까이 섬기며 공양 올리고 예배드릴 것입니다. 왜냐하면 지금 부처님께서 모든 하늘천신과 사람들 가운데 법화경을 설하시기 때문이니, 의당 가서 듣고 받아 지녀야 하지 않겠습니까?'

어머니가 왕자들에게 일러 말하되,

'너희 아버지는 지금 외도를 믿어서 바라문

의 삿된 법에 깊이 빠져 있도다. 그러니 너희들은 응당 아버지한테 먼저 가서 여쭙고 함께 가도록 해야 할 것이니라.'

정장왕자와 정안왕자가 손을 모아 합장한 채 어머니께 사뢰었느니라.

'저희들은 종교가 다른 집안에 태어나긴 했지만, 사실은 바로 법왕의 아들이옵니다.'

어머니가 두 왕자에게 말하되,

'그렇다면 너희들은 마땅히 너희 아버지를 염려해서라도, 아버지를 위해 신통변화를 나타내 보이도록 하여라. 만약 아버지가 그것을 보신다면 마음이 분명 청정해져서, 우리가 부처님 처소로 가는 것을 허락해주시지 않겠느냐?'

이렇게 하여 두 왕자는 아버지인 묘장엄왕을 생각해서 하늘 높이 다라수 나무의 일곱 배나 솟구쳐 올라가 여러 신통변화를 나타내었느니라. 다시 말해 허공 속에서 걷고 서고 앉고 눕는 것은 물론, 몸의 상반신에서 물이 나오게 하는가 하면 하반신에서는 불이 타오르게 하였느니라. 또 하반신에서 물이 나오게 하는가 하면 상반신에서는 불이 타오르게 하였느니라. 그리고 몸을 크게 나타내 허공에 가득 차게 했다가는 다시 작아지며, 작아졌다가는 다시 크게 나타내었느니라. 더욱이 공중에서 사라졌다가는 홀연히 땅에 나타나고, 물에 들어가듯이 땅속으로 잠적하는가 하면 땅 위를 밟듯이 물위를 마음대로 걸어 다녔느니라. 이와 같은 갖가지 신통변화들을 나타내어, 부왕의 마음을 청정하게 해서 진실로 믿고 이해하게 하였느니라.

당시 아버지는 왕자들의 신통력이 이와 같이 엄청난 것을 보고는, 마음으로 크게 환희하며 일찍이 없던 희유함을 느끼게 되었느니라. 그리하여 조용히 합장하고 두 아들에게 물었느니라.

'너희들의 스승은 어느 분이며, 너희들은 대체 누구의 제자냐?'

두 아들이 대답하기를,

'대왕이시여! 저 운뢰음수왕화지 부처님께서 지금 칠보로 된 보리수 밑의 법좌 위에 앉아계신 채, 일체 세간의 하늘천신과 사람들 가운데에서 널리 법화경을 설하시고 계십니다. 그분이 바로 저희들의 스승이며, 저희들은 그분의 제자이옵니다.'

아버지가 아들에게 말하되,

'나도 지금 너희들의 스승을 뵙고 싶으니 같이 가도록 하자!'

이윽고 두 왕자는 공중에서 내려와 어머니 방으로 가서 합장하고 아뢰기를,

'부왕께서 이제 믿고 이해하시게 되었으니, 충분히 아뇩다라삼먁삼보리심을 내실 만하게 되었습니다. 저희들이 아버지를 위해 불사를 다 했으니, 부디 어머니께서는 저희들이 부처님 계신 곳에서 출가하여 수도하는 것을 허락하여 주시옵소서!'

그때 두 아들은 거듭 그들의 뜻을 펴고자 게송으로써 어머니께 사뢰었느니라.

'원컨대 어머니께서는
저희가 출가하여 사문이 되도록 내버려두소서!
모든 부처님 만나기란 매우 어려운 법이니
저희들은 부처님을 따라서 배우겠나이다.

우담발화 꽃 피는 것 보기 어렵지만
부처님 만나 뵙기란 그보다 더 어려우며
여러 환난들도 좀처럼 면하기 어렵나니
제발 저희들의 출가를 허락하여 주소서!'

어머니가 일러 말하기를,

'좋다, 너희들의 출가를 허락하노라. 왜냐하면 부처님을 만나 뵙기란 매우 어렵기 때문이니라.'

그러자 두 아들이 부모님께 말씀드리되,

'어머니 아버지, 정말 감사합니다! 그리고 제발 지금 당장이라도 운뢰음수왕화지 부처님 계신 데로 가서 가까이 모시고 공양 좀 올리세요. 왜냐하면 부처님 만나 뵙기가 마치 우담발화 꽃 피는 것을 보는 것과 같이 매우 어렵기 때문입니다. 또 거북이 중의 애꾸눈 거북이가 우연히 바다에 떠다니는 구멍 뚫린 나무토막을 만나서, 나무구멍 속에 거북이 머리가 쏙 들어가야만 잠시라도 휴식할 수 있는 것과 같이 몹시 만나기 힘든

일이기 때문입니다.

그런데 다행히 저희들은 숙세에 심은 복이 그나마 깊고 두터워서, 부처님 계실 때에 태어나 불법을 만나게 되었습니다. 그러므로 부모님께서는 마땅히 저희들의 출가를 허락해주셔야 합니다. 그 까닭은 누누이 말씀드렸듯이 부처님을 만나 뵙기가 어려울 뿐더러, 공부할 시기 역시 만나기가 어렵기 때문입니다.'

당시 묘장엄왕의 후궁인 팔만사천 명의 궁녀들도 전부 법화경을 충분히 받아 지닐 만하게 되었느니라. 보살인 정안왕자는 오래 전부터 법화삼매를 통달하였으며, 정장왕자는 이미 한량없는 백천만억 겁 이전부터 이제악취삼매를 통달했으니 일체 중생들로 하여금 모든 악도를 벗어나게 하고자 했기 때문이니라. 더욱이 왕의 부인 정덕왕비는 제불집삼매를 얻어서, 능히 여러 부처님들의 비밀한 법장을 다 알 수 있게 되었느니라.

두 아들은 이렇게 방편의 힘으로써 그 아버지를 잘 교화하여, 아버지로 하여금 마음으로 믿고 이해하게 했을 뿐 아니라 불법을 좋아하게끔 하였느니라. 그리하여 묘장엄왕은 여러 신하들과 권속들을 거느리고 정덕왕비는 궁녀들 무리를 거느렸으며, 두 왕자들은 사만이천 명의 수행원들과 함께 다 같이 부처님 처소로 찾아갔느니라. 도착해서는 모두 머리를 숙여 부처님 발에 절하였고,

부처님 주위를 세 번 돌고 나서 한 쪽으로 물러났느니라.

그때 운뢰음수왕화지 부처님께서 왕을 위해 설법하셨으니, 법을 보여주어 이롭고 기쁘게 하시자 왕이 크게 기뻐하였느니라. 그때 묘장엄왕과 왕비는 값이 백천 냥이나 되는 진주 목걸이를 풀어서 부처님 위에 뿌려드렸는데, 허공 가운데 네 기둥 달린 보배좌대로 변하였느니라. 보배좌대 한가운데 커다란 보배법상이 놓여 있었으며, 백천만 가지나 되는 여러 하늘옷들이 펼쳐져 있었느니라. 그리고 그 위에 운뢰음수왕화지 부처님께서 가부좌를 맺고 앉으시어 찬란하게 큰 광명을 발하고 계셨느니라.

그때 묘장엄왕이 생각하기를,

'부처님 몸은 희유할 정도로 단정하시고도 엄숙하시며 뛰어나게 빼어나시어, 제일 아름답고 미묘한 형색을 성취하셨도다!'

당시 운뢰음수왕화지 부처님께서 사부대중에게 이르시되,

'너희들은 묘장엄왕이 내 앞에서 합장하고 서 있는 것을 보고 있느냐? 이 왕은 나의 가르침 안에서 비구가 되어, 불도를 돕는 데 필요한 법을 부지런히 수행하고 익혀서 반드시 성불하리라. 부처님 이름은 사라수왕불이며, 세계의 이름은 대광이고 시대의 이름은 대고왕이니라.

그 사라수왕 부처님 세계에는 한량없는

보살대중과 수많은 성문제자들이 있으리라. 또 대광세계는 평탄하고도 반듯하리니, 그의 수행 공덕은 이 정도로 한량없으리라.'

묘장엄왕은 즉시 나라를 아우에게 넘겨주고, 부인과 두 아들 그리고 여러 권속들과 함께 불법에 출가하여 도를 닦았느니라. 왕은 출가한 뒤 팔만사천 년 동안이나 항상 부지런히 정진하며 묘법연화경을 수행하였느니라. 이윽고 팔만사천 년이 지나서 일체정공덕장엄삼매를 얻게 되자, 이내 다라수나무의 일곱 배나 되도록 허공 높이 올라가 부처님께 사뢰었느니라.

'세존이시여! 저의 두 아들은 이미 불사를 지어 저를 교화시켰나이다. 즉 신통변화로써 저의 삿된 마음을 불법 가운데 편히 머물게 하였고, 세존을 친견하도록 이끌었나이다. 이 두 아들은 바로 저의 선지식으로, 지난 과거의 선근을 생각나게 하여 저를 이롭게 하려고 일부러 저희 집에 태어난 것이지요?'

그때 운뢰음수왕화지 부처님께서 묘장엄왕에게 이르시되,

'그대의 말이 맞도다! 만약 선남자 선여인이 선근을 심었다면, 그 덕으로 세세생생 태어날 적마다 선지식을 만나게 되느니라. 그 선지식은 능히 불사를 지어서 보여주고 가르쳐 이롭고 기쁘게 하며, 중생으로 하여금 아뇩다라삼먁삼보리에 들어가도록 인도

하느니라.

대왕이여! 마땅히 잘 명심할지니, 선지식이란 가장 중요한 인연이니라. 이른바 중생을 교화하고 인도하여 부처님을 친견하게 할 뿐더러 아뇩다라삼먁삼보리심을 내도록 하느니라.

대왕이여, 저 두 왕자가 보이느냐? 두 왕자는 이미 육십오 백천만억 나유타 항하의 모래알처럼 수없이 많은 부처님들을 공양하였고 가까이 모시면서 공경하였느니라. 더욱이 모든 부처님들 처소에서 법화경을 받아 지녔고, 소견이 삿된 중생들을 가엾이 생각하여 그들로 하여금 정견에 머물도록 하였느니라.'

묘장엄왕이 허공에서 내려와 부처님께 사

뢰었느니라.

'세존이시여, 여래께서는 참으로 희유하십니다!

공덕과 지혜로 인해 머리 위 육계에서는 광명이 찬란하거늘, 맑고 커다란 눈동자는 질푸른 감청색이고 미간의 백호상은 보름달처럼 새하얀 옥빛으로 눈이 부십니다. 치아는 희고 고르며 틈새 없이 가지런한데다가 언제나 윤이 나고, 입술색은 또 빈바 열매처럼 붉고도 아름답습니다.'

그때 묘장엄왕은 부처님의 이러한 여러 한량없는 백천만억 공덕들을 찬탄하고 나서, 여래 앞에서 다시 일심으로 합장한 채 부처님께 사뢰었느니라.

'세존이시여, 정말 드물고 놀라운 일이옵니다!

여래의 법은 불가사의한 미묘 공덕들을 완벽하게 성취하시어, 시행된 가르침과 계율 덕에 지극히 편안하고 즐거우며 안락하옵니다. 따라서 제가 오늘부터 다시는 제멋대로 하지 않겠사오며, 삿된 소견과 교만 그리고 성내는 일 등 여러 나쁜 마음을 먹지 않겠나이다!'

이렇게 말하고서 운뢰음수왕화지 부처님께 예배하고 물러갔느니라."

석가모니 부처님께서 다시 대중들에게 이르시었다.

"너희들은 어떻게 생각하느냐? 묘장엄왕

이 어찌 다른 사람이겠느냐? 지금의 화덕보살이 바로 그 왕이었느니라. 정덕부인은 지금 부처님 앞에 있는 광조장엄상보살이니라. 묘장엄왕과 여러 권속들을 가엾이 생각해서 그 나라에 태어났던 두 왕자는 지금의 약왕보살과 약상보살이니라.

약왕보살과 약상보살은 이렇게 큰 공덕을 성취하여, 이미 한량없는 백천만억 부처님들 처소에서 많은 선근을 심었고 불가사의한 여러 훌륭한 공덕들을 성취하였느니라. 따라서 만약 누군가 약왕보살과 약상보살 두 보살의 이름을 잊지 않고 기억한다면, 일체 세간의 모든 하늘천신과 사람들도 또한 마땅히 그에게 예배할 것이니라."

부처님께서 이 〈묘장엄왕본사품〉을 설하셨을 때에, 팔만 사천 명의 사람들이 번뇌의 티끌을 멀리하여 죄악의 때를 없애고 모든 법 가운데에서 청정한 법안을 얻었다.

제28 보현보살권발품

그때 자유자재한 신통력과 위엄과 덕망으로 유명한 보현보살이 한량없고 그지없으며 헤아릴 수 없이 많은 대보살들과 함께 동방으로부터 사바세계로 오자, 지나치는 세계들이 전부 크게 진동하였다. 뿐만 아니라 그 모든 세계들마다 찬란한 보배 연꽃송이들이 꽃비가 되어 하염없이 흩날렸으며, 백천만억이나 되는 한량없는 갖가지 악기들이 저절로 울려 퍼졌다. 또 무수한 하늘천신·용·야차·건달바·아수라·가루라·긴나라·마후라가 같이 사람인 듯하면서 아닌 여러 대중들이 보현보살을 둘러싸고, 각각 위엄과 덕망·신통력 등을 나타내며 사바세계의 영취산 한가운데에 도착하였다. 이윽고 보현보살은 머리 숙여 절하며 석가모니 부처님께 예배드리고, 오른쪽으로 부처님 주위를 일곱 번 돌고 나서 사뢰었다.

"세존이시여! 제가 보위덕상왕 부처님 세계에 있었는데, 멀리 이 사바세계에서 법화경 연설하는 소리가 아득히 들려왔습니다. 그래서 한량없고 끝없는 백천만억 보살대중들과 함께 직접 가르침을 듣고자 이렇게 찾아

왔사오니, 세존께서는 부디 저희들을 위해 법문을 설해주시옵소서! 여래께서 열반하신 뒤에는 어떻게 해야 선남자 선여인이 법화경을 만날 수 있겠사옵니까?"

부처님께서 보현보살에게 이르시었다.

"선남자 선여인이 다음 네 가지 조항을 성취한다면, 여래가 열반한 뒤에도 마땅히 이 법화경을 만나게 되리라. 첫째, 모든 부처님들의 가호를 받아야 하며 둘째, 많은 덕의 근본인 선근을 심어야 하고 셋째, 정정취에 들어야 하며 넷째, 모든 중생들을 구제하려는 마음을 먹어야 하느니라. 선남자 선여인이 이렇게 네 가지 조항을 성취하게 된다면, 여래가 열반한 뒤에도 반드시 이 경을 만나게 되리라."

그때 보현보살이 부처님께 사뢰었다.

"세존이시여! 여래께서 열반하신 후 마지막 오백 년의 말법세상 오탁악세에서 법화경을 수지하는 자가 있다면, 제가 마땅히 그 사람을 수호하겠습니다. 이를테면 재앙과 근심을 없애주어 안락하게 할 뿐만 아니라, 어떤 것도 감히 그 사람의 허점을 캐내어 틈을 타지 못하게 하겠나이다. 그리하여 가령 마왕이나 마왕아들·마녀 혹은 마왕의 부하나 마귀에 들린 사람 또는 야차·나찰·구반다·비사사·길자·부단나·위타라 등 사람을 괴롭히는 온갖 잡귀들이 절대로 틈을 엿볼 수 없도록 하겠나이다.

그 사람이 걷거나 서서 이 경을 읽고 외우면, 제가 그때 여섯 어금니의 커다란 흰 코끼리를 타고 대보살들과 함께 그 사람 있는 데로 가겠습니다. 그리고는 직접 몸을 나타내어 공양하고 수호해서 그의 마음을 편안하게 위로해주리니, 이것 역시 법화경을 공양하기 위해서 입니다.

또 그 사람이 가만히 앉아서 이 경에 대해 곰곰이 생각할 때에도, 제가 커다란 흰 코끼리를 타고 그 사람 앞에 나타날 것입니다. 그래서 만일 그 사람이 법화경의 한 구절 또는 한 게송이라도 잊어버리는 구석이 있거든, 제가 마땅히 가르쳐주며 함께 읽고 외워서 곧 제대로 알고 이해하도록 하겠습니다. 그때 법화경을 수지하여 읽고 외우는 사람은 저의 몸을 보게 되면 크게 기뻐하며 더욱 정진하게 될 것입니다. 저를 본 선근으로 인해 그는 곧 삼매와 다라니를 얻으리니, 소위 선다라니·백천만억선다라니·법음방편다라니 등 이러한 다라니들을 얻을 것입니다.

세존이시여! 뒷날 여래께서 열반하신 뒤 마지막 오백 년의 말법세상 오탁악세에서 이 경을 찾아 구해 수지하여 읽고 외우며 베껴 쓰는 비구·비구니·우바새·우바이가 열심히 법화경을 수행하고자 한다면, 삼칠일 동안을 응당 한결같은 마음으로 정진해야 할 것입니다. 삼칠일을 채우고 나면 제가 마땅히 여섯 어금니의 흰 코끼리를 타고,

한량없는 보살들에 둘러싸인 채 일체 중생들이 보기 좋아하는 기쁜 모습으로 그 사람 앞에 나타날 것입니다. 그 사람을 위해 설법하여 보여주고 가르쳐서 이롭고 기쁘게 할 뿐더러, 또한 다시 그에게 다라니 신주를 주겠습니다. 다라니를 얻은 덕에 사람 아닌 것들이 감히 그를 파괴시키지 못할 것이며, 여인의 유혹에도 어지럽혀지지 않을 것입니다. 게다가 저 자신도 언제나 그 사람을 직접 보호하겠습니다. 그러니 제발 세존이시여, 제가 그 다라니 신주를 설하도록 부디 허락해 주시옵소서!"

이윽고 보현보살은 부처님 앞에서 주문을 설하였다.

아단지 단다바지 단다바제 단다구사례 단다 수다례 수다례 수다라바지 붓다파선네 살바 다라니아바다니 살바바사아바다니 수아바 다니 상가바리사니 상가녈가다니 아싱기 상 가바가지 제례아다상가도랴아라제파라제 살바상가삼마지가란지 살바달마수파리찰 제 살바살타루타교사랴아로가지 신아비기 리지제

"세존이시여! 만약 어떤 보살이든지 이 다라니를 듣게 되거든, 이것은 마땅히 보현의 신통력 덕분임을 알아야 할 것입니다. 또 법화경이 사바세계에 퍼져서 수지하는 자가 있게 되는 것도 모두 보현의 위신력 덕택이라

생각해야 할 것입니다. 그리고 누군가 이 경을 수지하여 읽고 외우며 바르게 기억하고 뜻의 본질을 알아 설한 대로 수행한다면, 그 사람은 바로 보현행을 닦고 있음을 명심해야 할 것입니다. 그 사람은 한량없고 그지없는 모든 부처님들 처소에서 선근을 깊이 심은 것이니, 모든 여래들께서 그 사람의 머리를 손으로 쓰다듬어주시는 격이 될 것입니다.

만일 경전을 그냥 베껴 쓰기만 하더라도, 그 사람은 목숨을 마치게 되면 마땅히 도리천상에 태어나게 됩니다. 태어날 때에 팔만사천 명의 아름다운 하늘나라 선녀들이 여러 가지 악기들을 연주하며 그 사람을 맞이할 것입니다. 그 사람은 태어나자마자 칠보로 된 보배관을 머리에 쓴 채, 선녀들 속에서 즐거이 노닐며 편안하게 지낼 것입니다. 단순히 경전을 베껴 쓰기만 해도 이 정도이니 하물며 경전을 수지하여 읽고 외우며 바르게 기억하고, 뜻의 본질을 알아 설한 대로 수행하는 사람의 복덕이야 말해 무엇 하겠습니까!

만약 누군가 이 경을 수지하여 읽고 외우며 뜻의 본질을 해설한다면, 그 사람은 목숨을 마칠 때에 천 분이나 되는 부처님들께서 손을 잡아주어 두렵지 않게 할 것입니다. 그리하여 악취에 떨어지지 않게 됨은 물론이고, 즉시 도솔천상의 미륵보살 처소로 가서 태어나게 될 것입니다. 미륵보살은 삼십이상을 갖추고 대보살들에게 둘러싸여 계시거늘, 그 사람은 백천만억의 수많은 하늘나라 선녀들 가운데 홀연히 태어나게 될 것입니다.

이와 같은 공덕과 이익이 있으므로, 지혜로운 자는 응당 일심으로 이 경을 본인이 직접 쓰거나 남을 시켜서 쓰게 하고 수지하여 읽고 외우며 바르게 기억하고 설한 대로 수행해야 할 것입니다.

세존이시여! 제가 이제 신통력으로써 이 경을 수호하여, 여래께서 열반하신 뒤에도 사바세계에 널리 유포시켜서 절대로 끊어지지 않도록 하겠습니다."

그때 석가모니 부처님께서 보현보살을 칭찬하여 말씀하셨다.

"장하고 장하도다, 보현보살이여!

그대가 이 경을 지키고 도와서 많은 중생들을 안락하게 하고 이롭게 하니, 그대는 이미 불가사의한 크나큰 공덕과 깊고 큰 자비심을 성취한 셈이로다. 오랜 옛적부터 아뇩다라삼먁삼보리의 뜻을 펼쳐왔으며, 그래서 이렇게 능히 신통의 원력을 세워 이 경을 지키고 보호하려 하니 참으로 훌륭하도다. 따라서 나도 마땅히 보현보살 이름을 염불하는 사람들을 신통력으로써 수호하리라.

보현보살이여! 이 법화경을 수지하여 읽고 외우며 바르게 기억하여 수행하고 익히며 베껴 쓰는 자가 있다면, 마땅히 잘 명심하여라. 그 사람은 석가모니 부처님을 친견하고, 부처님 입으로부터 직접 이 경전을 들은 것과 마찬가지니라. 또 그 사람은 석가모니 부처님께 공양하는 셈이 되며, 부처님께서 착하다고 칭찬해주시는 것과 다름없느니라. 더욱이 석가모니 부처님께서 손으로 그 사람의 머리를 쓰다듬어주시고, 옷자락으로 몸소 감싸주시는 격이 되느니라.

그러한 사람은 두 번 다시 세속 즐거움에 탐착하지 않으며, 외도의 경서나 수필도 좋아하지 않느니라. 또한 그런 종류의 글을 쓰는 사람들과 사귀는 것도 별로 기뻐하지 않고, 여러 악한 자들 곧 백정이나 돼지·염소·닭·개 따위를 키우는 사람 혹은 사냥꾼이나 여색을 파는 자들과 친하게 지내는 것을 좋아하지 않느니라. 그 사람은 마음먹고 생각하는 것이 순박하고 정직하며, 올바르게 가르침을 잘 기억할 뿐더러 복덕의 힘까지 두루 갖추었느니라. 그래서 삼독번뇌로 인하여 고통당하지 아니하고, 질투와 아만·그릇된 오만·증상만 등에 시달리지 않느니라. 다시 말해 그 사람은 욕심이 적으며 만족할 줄을 알아서, 능히 보현의 행을 닦을 수 있느니라.

보현보살이여! 여래가 열반한 뒤 마지막 오백 년의 말법 세상 기간 동안에, 혹 누구라도 법화경을 받아 지니며 읽고 외우는 사람을 보거든 이렇게 생각해야 하느니라.

'이 분은 머지않아 반드시 도량에 나아가서, 모든 마군들을 물리치고 아뇩다라삼먁삼보리를 얻으리라. 그리하여 법륜을 굴리고 법고를 침은 물론 법의 소라를 불고 법비를 내리며, 마땅히 하늘천신과 사람들 가운데에서 당당히 사자좌의 법상 위에 앉게 되리라.'

보현보살이여! 앞으로 미래에 이 경전을 수지하여 읽고 외우는 자는 의복이나 침구·음식물 또는 다른 생활용품 등을 욕심내지 아니하여도, 그가 원하는 것은 헛되지 아니할 것이며 현세에서 바로 그 복을 받으리라.

그런데 어떤 사람이 법화경 공부하는 사람을 가볍게 여겨 비방하되,

'이런 미친 놈 봤나! 쓸데없이 이 짓거리나 하다니……. 아무리 해봤자 결국 아무것도 얻지 못할 게 뻔한데 말이야!'

이렇게 비방하는 자는 그 죄의 과보로 마땅히 세세생생 태어날 적마다 장님으로 태어나리라. 반대로 어떤 이가 법화경 수행하는 사람을 공양하고 찬탄한다면, 마땅히 현세에서 그에 대한 분명한 보답을 받으리라.

또 누군가 이 경을 수지하는 사람을 보고 그 사람의 허물을 들추어낸다면, 그 말이 사실이든 아니든 간에 현세에서 문둥병을 앓게 되리라. 혹 법화경 수행하는 사람을 가볍게 보고 업신여겨 비웃는다면, 앞으로 세세생생 태어날 적마다 이빨이 성글게 나고 군데군데 빠져서 입술도 보기 싫게 추해지리라. 게다가 코도 납작해지고 손발은 뒤틀리게 되며 사팔뜨기 눈에다, 몸에서는 더러운 냄새가 나고 종기와 부스럼으로 피고름이 생길 뿐 아니라 배에 물이 차고 숨이 가빠지는 등 온갖 중병에 걸리게 되리라.

그러므로 보현보살이여!

만약 이 경전 받아 지니는 사람을 보거든 마땅히 일어나 멀리까지 나가서 영접하되, 부처님을 공경하듯이 받들어야 하느니라."

부처님께서 이 〈보현보살권발품〉을 설하셨을 때에, 항하의 모래알처럼 한량없고 그지없이 많은 보살들이 백천만억선다라니를 얻었다. 그리고 삼천대천 온 세계의 티끌수처럼 수없이 많은 보살들도 보현도를 구족히 갖추게 되었다.

이렇게 석가모니 부처님께서 법화경을 다 설하시자, 보현보살을 비롯한 여러 보살들과 사리불을 포함한 모든 성문 제자들, 그리고 여러 하늘천신·용과 사람인 듯하면서 아닌 것 등 많은 대중들이 전부 다 크게 환희하였다. 그리고 모두 부처님 말씀을 마음속 깊이 새긴 채 예배하고 물러갔다.

사경 끝난 날 : 불기　　　　　년　　　월　　　일